没有不好带的宝宝

郑东旖 著

吉林科学技术出版社
JILIN SCIENCE & TECHNOLOGY PUBLISHING HOUSE

图书在版编目（ＣＩＰ）数据

没有不好带的宝宝 / 郑东旖著 . — 长春 ：吉林科
学技术出版社，2013.10
ISBN 978-7-5384-7179-3

Ⅰ．①没… Ⅱ．①郑… Ⅲ．①早期教育—家庭教育
Ⅳ．① G78

中国版本图书馆 CIP 数据核字 (2013) 第 238697 号

没有不好带的宝宝

著　　　　郑东旖
出 版 人　李 梁
策划责任编辑　许晶刚　端金香
执行责任编辑　张 超
模　特　于镱宁　小 宇　车星伯　朱 晨　崔玉萍　张昊博　唐一闻　王伟屹
　　　　熊卉宁　初子元　田昊雨　陈豫璇　黄予萌　迟轶轩　邵巾轩　王一童
　　　　景书笛　姜凯添　徐心澄　张卓尔　孙沐希　何卓非
封面设计　长春市一行平面设计有限公司
制　版　长春市一行平面设计有限公司
开　本　710mm×1000mm　1/16
字　数　300千字
印　张　18
印　数　1—8000册
版　次　2014年2月第1版
印　次　2014年2月第1次印刷

出　版　吉林科学技术出版社
发　行　吉林科学技术出版社
地　址　长春市人民大街4646号
邮　编　130021
发行部电话/传真　0431-85635177　85651759　85651628
　　　　　　　　　　　85635181　85600611　85635176
储运部电话　0431-86059116
编辑部电话　0431-85642539
网　址　www.jlstp.net
印　刷　沈阳天择彩色广告印刷股份有限公司

书　号　ISBN 978-7-5384-7179-3
定　价　39.90元

前言

　　宝宝的出生既给爸爸妈妈带来很多快乐，也带来层出不穷的挑战。在宝宝成长的每个阶段，都会出现这样或那样的让爸爸妈妈挠头的小问题。比如有的宝宝一天哭很多次，让妈妈茫然无措；有的宝宝总是不肯好好吃饭，挑食、厌食；有的宝宝不好好睡觉，养成了不好的睡眠习惯；还有的宝宝特别"脆弱"，总是生病……当宝宝出现这些五花八门的小麻烦时，新手爸爸妈妈常常手足无措，感叹"为什么我的宝宝这么不好带？"

　　其实，从宝宝的角度来说，没有不好带的宝宝，只有不会带的爸爸妈妈。近距离地走进他们的世界，就能充分享受宝宝成长过程中的快乐。宝宝出现生理或心理的各种疾病，究其原因，也往往和爸爸妈妈的养育方式有关。

　　在《没有不好带的宝宝》这本书中，作者把自己19年的儿童保健工作经验和11年的育儿工作经验，与最科学、最先进的儿童保健知识结合起来，以生动、简洁的方式，帮助新手爸爸妈妈解决宝宝成长过程中经常遇到的各种困扰，解释其发生的原因，让新手爸爸妈妈能够更好地认识和了解自己的宝宝的特点和需求，让不好带的宝宝变得好带。

　　最后，衷心地希望《没有不好带的宝宝》能够给新手爸爸妈妈带来最切实际的帮助，共同努力让宝宝健康地成长。

目 录

第一章
Di Yi Zhang

宝宝总是哭，是妈妈没带好

宝宝说不吃就不吃，妈妈随时有办法

第三章
Di San Zhang

宝宝不睡不睡就不睡，妈妈怎么办

第四章
DiSiZhang

宝宝爱生病，妈妈要细心

9

第五章
Di WuZhang

宝宝乱发脾气、对着干，
妈妈得有"斗宝"智慧

第一章
Di Yi Zhang

宝宝总是哭，
是妈妈没带好

宝宝哭闹要传达的信号

 ## 为什么宝宝总是哭

宝宝不舒服

宝宝哭有很多原因，如饥饿、尿布湿了、不舒服等，还有在睡前或者刚刚睡醒时不明原因的哭，细心的妈妈会在与宝宝的交往中，分辨出宝宝哭闹的原因，根据不同的哭声辨别出宝宝是怎么了，是尿布湿了，还是饿了，是冷了，还是哪里不舒服，或者是在锻炼自己的肺部，做呼吸运动。以下是一些宝宝哭闹的常见原因：

【表现】	【原因】
不剧烈的哭声	往往是由大小便刺激引起的，一般换尿布后哭声就会停止
哭声带有乞求感	常常是为了表示"我饿了！"这种哭声在吃饱后即会停止
夜啼不停	晚上夜啼不止，睡眠不宁，而白天正常，可能是因为白天睡眠不规律，衣服薄厚不适或者护理不当引起的
突然发生的尖利哭声	这是宝宝在说"我痛呀！"这种疼痛常因突发的打击、针刺或者发热引起的
阵发性剧烈哭闹	阵发性剧烈哭闹往往是因各种肠道急性感染、消化不良导致的痉挛，也可能是因喂食不当造成的。急腹症就时常表现为突然大哭不止，伴有脸色苍白、出汗等一些症状
平淡而持续的哭声	可能是由于身体某些炎症感染引起的疼痛所致
声调高尖无回声	往往是由颅内出血或脑水肿引起的所谓"脑性尖叫"，这时要带宝宝去医院就诊

想与爸爸妈妈亲近

有时候宝宝哭闹主要是想主动和爸爸妈妈亲近，想要获得爸爸妈妈的拥抱，所以这时爸爸妈妈不应该拒绝宝宝的要求。正确的做法是把宝宝抱起来，给宝宝以安慰并与之交流。很多人认为应该避免多抱宝宝，否则会养成习惯，宝宝变得黏人。其实这是错误的想法，宝宝小时候，我们要尽量满足他心理上的需求，得不到爱抚的宝宝会产生一种爸爸妈妈不爱他的错觉，而缺乏安全感。

因为病痛而哭闹

宝宝不同于成年人，他的抵抗力很弱，所以在成年人看来是小病小痛，宝宝却会觉得很难受，就会哭闹不止。这时，爸爸妈妈除了要给宝宝必要的护理之外，还应该尽量陪伴宝宝、安抚宝宝，一定要尽量给宝宝同情和安慰，最好亲吻他一下，把他抱起来，同时用温和的话语安慰他。

因为分离而哭闹

大部分宝宝都不愿意离开爸爸妈妈，尤其是当妈妈离开身边时，他就会哇哇大哭起来。这时妈妈最好告诉宝宝自己什么时候会离开，要去做什么，什么时候回来。另外，离开宝宝之前，一定要陪宝宝一会儿，不要突然离开，匆忙告别。每次和宝宝分开最好都要拥抱宝宝一下，并且站在门口和宝宝挥挥手后再离开。

因为恐惧而哭闹

宝宝有时会感到恐惧，会害怕黑暗、害怕雷声等，当这两种特定的情况出现时，宝宝会因为恐惧而大声哭闹。此时，可以鼓励宝宝尽早说出怕什么，认真倾听宝宝的诉说，表现出关心和同情。对宝宝进行安慰，也可以借机给宝宝讲讲这些现象出现的原因，跟他解释这不可怕，也可以适当帮助他做些有助于缓解他恐惧的事情，比如宝宝对房间出现的灯影表现出不安，就把宝宝的床搬动一下，换一个位置。

如果宝宝害怕魔鬼或者鬼怪，爸爸妈妈应该告诉宝宝世界上根本没有鬼怪这些东西，但是宝宝太小以至于他不能理性的接受你的科学说法，他就是没有道理的恐惧。这时爸爸妈妈可以充分发挥自己的想象力，给宝宝编造一个童话，告诉他爸爸或者妈妈有特异功能，只要吹口气、或者手一挥即能把鬼怪赶走，宝宝就会相信你。等到宝宝长大了，知道了原因，也会觉得自己小时候是多么幸福。千万不要对宝宝害怕有鬼怪一事表现得不屑一顾，因为宝宝对这件事是十分认真的，爸爸妈妈也要同样的认真对待。

因为去幼儿园紧张而哭闹

几乎每个宝宝都会因为不愿意去幼儿园哭闹，对于期待送宝宝去幼儿园的爸爸妈妈来说，一定要提前给宝宝做好准备，否则，宝宝入园会很困难。

在送宝宝去幼儿园之前，一定要带着宝宝去熟悉一下环境，应该与幼儿园的老师沟通一下，都需要注意哪些事情。在送宝宝去幼儿园的第一天，最好整个上午都陪着宝宝，跟宝宝一起上课、做游戏，宝宝会很高兴。如果宝宝同意，你可以离开几分钟再回来，慢慢地增加离开的时间，过几天后，根据宝宝的具体情况，看看是不是可以让他单独待在幼儿园。

因为达不到目的哭闹

开始宝宝哭闹可能是因为身体不适或者其他一些原因，随着宝宝的慢慢成长，他就会发现，只要他一哭，爸爸妈妈就会很紧张，所以慢慢的哭闹就变成了宝宝"要挟"爸爸妈妈的"手段"，只要他想要做的事或者是想要的东西爸爸妈妈没有答应，宝宝就会哭闹起来。

 ## 一定要知道宝宝到底想要什么

　　如果宝宝吃饱了、穿暖了，也没有什么不舒服的地方，给他东西他也不玩，很多人一起逗他还是哭，不知道他到底要做什么，就是莫名其妙的哭闹，这个时候爸爸妈妈就该好好想想宝宝是怎么了？他想要什么？是不是因为爸爸妈妈不能及时的理解他的想法，不知道他的需求才引起的宝宝哭闹呢？这就要求爸爸妈妈常和宝宝待在一起，多多了解宝宝，理解他的每一个小动作是想要什么，才能很好地和宝宝沟通。另外还要引导宝宝把自己想要地表达出来，让爸爸妈妈知道，一定要耐心的引导宝宝，这也是对他交往能力的一种锻炼。

　　如果宝宝遇到了困难，不要等到他叫你，如果妈妈注意到宝宝玩的或吃的有了困难，不要让宝宝为难太久，发觉他不能解决时就立即伸出援手来，帮助宝宝或者教他怎么做，也可以自己示范一遍，再让宝宝学着做。

宝宝总是哭，是妈妈没带好

第一章
Di Yi Zhang

宝宝哭闹要挟，
你会见招拆招吗

 ## 要让宝宝不哭闹，妈妈千万别吼叫

对于年轻爸爸妈妈来说，带宝宝的过程中耐心是很重要的。在宝宝哭闹的时候一定要尽量保持冷静，并且告诉你自己："这算不了什么，我能处理"，让宝宝学会自我控制之前自己要先控制自己的情绪。无论什么情况，教育宝宝时千万别在宝宝面前表现出自己不愉快的情绪，别对宝宝大声吼叫！因为这样不仅起不到作用，宝宝还会越哭越厉害，而且，这还会给宝宝带来反面教材，爸爸妈妈都是靠情绪来解决问题的，宝宝会认为靠情绪来解决问题时正确的行为。

 ## 对宝宝"不理不睬"

对于哭闹不止的宝宝可以采取"故意忽视"的方法来冷处理。什么也不做，让宝宝知道哭闹既不能被你注意，也不能帮助他达到他的目的。可是这种方法怎么执行？如果是在家里，那就走开，不看他也不管他，把他一个人留在屋子里，任他哭。特别注意不要和宝宝做眼神的交流，否则宝宝知道你在关注他，会延长或加重哭闹，如果他见你不理睬，不仅哭闹，又摔东西，这时只需要把易碎会伤害到宝宝的东西拿走就可以了，然后继续做你自己的事情；如果是在外面，不必管他，你只要离开去别的地方，不理他，不看他，也不叫他一起走，宝宝就会顾不上哭，乖乖的和你一起离开。如果宝宝不肯走，爸爸妈妈绝对不能独自离开，躲在宝宝看不见的角落观察宝宝的行为，在他不哭闹后将宝宝带走。

待宝宝的"暴风雨"过去，立即夸奖他终于能控制住自己的情绪，不哭不闹了，然后对宝宝说："妈妈真喜欢这样懂事的你，不过不喜欢大哭大闹耍脾气的你。"这样会帮助宝宝理解，妈妈刚才不理他是因为不喜欢他哭闹，而不是因为不爱他了。

要讲宝宝听得懂的，宝宝才会听你的

很多爸爸妈妈会在宝宝哭闹的时候给宝宝讲一堆大道理，但是宝宝还是哭个不停，这让爸爸妈妈感到无能为力。其实并不是宝宝不懂事，而是宝宝根本听不懂爸爸妈妈说的是什么，所以他才无动于衷。所以在带宝宝时一定要用宝宝的思维，站在宝宝的立场上跟他解释，宝宝开始可能会不接受，但是几次下来，一定会有用的。

用尊重宝宝的方式跟他说"不"

教宝宝应对挫折与愤怒

给宝宝做个好榜样，当爸爸妈妈在遇到挫折或烦恼时，会积极面对，妥善处理。让宝宝懂得遇到问题时，应该想办法解决问题，而不是发脾气。

宝宝应对得当就予以嘉许

注意观察宝宝的行为，如果应对得当就应该予以鼓励。如果宝宝在玩拼图，但是太复杂了，他没办法拼出来，要求爸爸妈妈帮忙，爸爸妈妈就该夸奖他懂得向别人寻找帮助。在宝宝遇到挫折时，引导他冷静地解决问题，这样可以使他觉得自己可以战胜困难，以后他就会继续采用这样的方式解决问题。

就这样被他征服，是在"鼓励"宝宝哭闹

很多爸爸妈妈因为不舍得宝宝不停地哭，或者是觉得在外面哭影响会不好，所以就屈服于宝宝的哭闹，宝宝只要一哭，爸爸妈妈就立即妥协。宝宝尝到了甜头，知道"哭"这招会有用，所以只要一点事情不合他的心意他就会大哭起来，一旦达到目的，马上就"风平浪静"。爸爸妈妈这样做看似在心疼宝宝，为他好，其实这就是在"鼓励"宝宝哭闹，长此以往，宝宝就会变得越来越任性，不好看管，会形成很多不好的习惯，而且很难改掉。

一些爸爸妈妈就会问了，要是家里有个爱哭闹的小皇帝或者小公主，应该怎么办呢？会带宝宝的爸爸妈妈是不会屈服于宝宝的哭闹的。其实爸爸妈妈应该知道"六月的天，小孩的脸，说变就变"宝宝就是这样一种"人群"，想哭就哭，这是他们特有的权利，所以作为爸爸妈妈，不要因为宝宝哭闹而感到尴尬、恼火、心疼，要让宝宝知道哭闹是没有用的，他看到自己的哭闹没有起到作用，也就不会"自找没趣"了。

很多年轻的爸爸妈妈对哇哇大哭的宝宝总是不知所措，其实"小恶魔"并不真的这么难带，让他变乖是需要耐心和技巧的，慢慢学习就会掌握带宝宝的技巧了。

第二章
Di Er Zhang

宝宝说不吃就不吃，
妈妈随时有办法

宝宝说不吃就不吃，妈妈随时有办法

第二章
Di Er Zhang

宝宝厌奶
妈妈有办法

 ## 宝宝会厌奶

当宝宝成长到4～6个月时，常常会出现喝奶量减少，食欲缺乏，这是宝宝常有的"厌奶"现象。主要体现在，宝宝发育正常，表现也很活泼，就是喝奶量出现了暂时性的减少，遇到这种情况不用担心，一般再过1个月左右就会恢复正常。

 ## 导致宝宝厌奶的几种可能

当宝宝出现厌奶状况时，首先要做的是查看是不是因为宝宝的身体不适而造成的。如果宝宝不仅厌奶，还出现呕吐、便秘、腹胀、腹泻、发热等症状，应及时送医院就医。

不喜欢用奶嘴吸奶

大多数混合喂养的宝宝出现厌奶的原因是因为他们不喜欢用橡胶奶嘴。妈妈往往很享受亲自喂宝宝的幸福过程，却忽略了让宝宝去接受奶嘴，这样以后再让宝宝用奶嘴就变得困难多了。

不接受配方奶粉的味道

口味敏感的宝宝已经习惯了妈妈独特的母乳味道，而配方奶粉带有的那股奶腥味让宝宝无法接受，所以才会拒绝喝配方奶粉。

不正确的哺乳姿势

使用奶瓶哺乳时，可能把宝宝的舌头压住了，让宝宝喝不到奶，要将奶瓶倾斜45度放到宝宝嘴里。

周围有事物分散了注意力

对于一些好奇心强的宝宝来说，周围环境中有人走动或者出现别的声音都能让他分心出来关注其他事物，因为他觉得这比喝奶要有趣得多。

 ## 出现厌奶了如何应对

别采取强迫手段

不少爸爸妈妈由于担心宝宝不喝奶会影响成长发育，所以强迫宝宝喝奶。但是这种做法只会适得其反，使得宝宝对喝奶产生恐惧。其实只要宝宝此时的身高体重等指标数在合理范围内，完全不必因宝宝厌奶而紧张，如果此时宝宝已经4个月了，母乳又不够，爸爸妈妈可以采取让宝宝接受半流质的泥糊状食物，如米粉，而不是强迫宝宝喝奶。

改变喂奶方式

爸爸妈妈可以在宝宝出现厌奶现象的时候，先从改变喂奶方式做起，改变平时固定的哺乳时刻安排表，较为随性地哺乳。遵循少量多次的原则，宝宝想吃时就喂。平时采用一些如按摩、肢体活动等类似游戏的方式来消耗宝宝的体力，这样能够加快宝宝的新陈代谢，饥饿感来临时，宝宝自然会对母乳感兴趣了。

优化用餐环境

宝宝对外界有着很强的好奇心，如果喝奶时有人逗弄他，或者旁边有能吸引到他注意力的玩具或者声音，他会把注意力转移到那些上面，而非进食吸奶。所以，要尽量创造一个柔和而安静的环境来给宝宝哺乳。

奶嘴洞大小要适宜

有些时候，宝宝喝奶少只不过是因为奶嘴洞过小，宝宝吸食时较为困难，所以喝奶量才会减少。所以，给宝宝喂奶前将奶瓶倒置过来，查看是否能达到1秒钟滴1滴奶，如果滴不出来或者滴得过快，都会让宝宝不能很好地吃奶。

配方奶粉不宜总更换

不少爸爸妈妈见宝宝不爱喝奶，以为换个配方奶粉就可改变此种现象，这种方法可取，但是频率不宜太快，因为宝宝会需要时间去适应新的配方奶粉。更换的时候，应该部分地选用新牌子配以原有的牌子，观察到宝宝排便等正常以后，再逐渐全部替换成新牌子的配方奶粉。如果换了一两次配方奶粉，宝宝厌奶的现象并没有改善，那么可以放弃这种方法。

辅食添加适时跟上

大多数宝宝在4个月的时候，基本以母乳或者配方奶粉为主，并以少量的泥糊状食物为辅。但如果出现了厌奶，则不妨考虑改变一下。可以先用米粉或者稀果汁开始尝试，然后再加入蔬菜泥和果泥。不过要记得每次只添加一种的原则。刚开始采用1小匙的量，逐渐增加。每种辅食要先适应3～5天，注意观察宝宝反应。如果出现不爱吃或者皮肤出疹、大便变稀等现象，就要暂停添加此种辅食。若是宝宝家庭里有过敏史，那应该用母乳或者水解性配方奶粉喂食宝宝到6个月后再尝试喂辅食，辅食选用低致过敏性食材为好。

宝宝说不吃就不吃，妈妈随时有办法　　第二章
Di Er Zhang

宝宝添加辅食，
妈妈要让他慢慢适应

 什么是辅食

当母乳或配方奶等乳制品中所含的营养素不能完全满足宝宝生长发育的需要时，爸爸妈妈就要在宝宝4～6个月的时候，开始给他添加乳制品以外的其他食物，这些逐渐添加的食物被称为辅食。

所有的宝宝都要适应从只吃母乳或配方奶到能够顺利地吃饭的过程。添加辅食的时候，仍然不要断掉母乳或配方奶，只把辅食当成营养的唯一供给来源是不对的。母乳和配方奶的构成成分中90%是水分，其余是蛋白质、乳糖、脂肪和维生素等。宝宝出生后的4～6个月内，这些营养成分是足够的，但如果之后还只食用母乳和配方奶的话就会出现体内铁、蛋白质、钙质、脂肪和维生素等营养素缺乏的状况。

宝宝到了添加辅食的后期，母乳或配方奶已经不能成为宝宝营养需求的主要来源，就要渐渐主要依靠辅食来提供营养了。

辅食添加的原则

妈妈的责任

在宝宝发育过程中，当母乳、配方奶等乳制品中所含的营养素不能完全满足其生长发育的需要时，需要妈妈在宝宝6个月的时候，开始给他添加乳制品以外的辅食。在添加辅食的过程中，妈妈要遵循"从少到多，从一种到多种，从细到粗，从稀到稠"的原则去逐步添加。此外，还要学习给宝宝添加辅食的小窍门，让宝宝有个好胃口、好身体！

·要注意辅食的卫生

给宝宝添加的辅食最好现吃现做，如不能现吃现做，也应将食物重新蒸煮。制作辅食的用具要经常消毒，以防病毒侵入宝宝体内引起疾病。

·及时调整辅食添加的进度

每个宝宝都有个体差异，不能一直照搬书本上的方法，要根据宝宝具体的情况，及时调整辅食的数量和品种。

·不宜在炎热季节添加辅食

天气热会影响宝宝的食欲，如果此时添加辅食，容易导致宝宝消化不良，最好能等天气凉爽一些再添加辅食。

·吃流质或泥状食物的时间不宜过长

不能长时间给宝宝吃流质或泥状的食物，这样会使宝宝错过发展咀嚼能力的关键期，可能导致宝宝在咀嚼食物方面产生障碍。

·不要很快让辅食替代乳类

6个月以内的宝宝，如果母乳充足，完全不需要添加辅食；如果母乳不足或完全用配方奶喂养的宝宝，此期仍以母乳和配方奶为主，因为母乳或配方奶中含有宝宝需要的大部分营养，在此阶段可以尝试添加一点米粉、菜泥、果泥，但大部分的营养来源还是要靠乳类提供，而且此期不宜添加蛋黄，以免引起过敏。

小贴士

宝宝的味觉在6个月时发育比较敏感，如果在这个时候让他多接触几种口味的食物，长大以后一般不会出现偏食、挑食等问题，但是每个宝宝的发育情况不一样，也存在着较大的个体差异，爸爸妈妈应根据自己宝宝的情况作适当地调节。

宝宝的配合

虽然吃饭是件开心的事情，可是刚刚开始添加辅食的宝宝可不一定这样认为，所以给宝宝喂辅食的时候一定要选择在宝宝开心的时候，并营造温馨的进食氛围。

·辅食添加要适合月龄

过早地添加辅食，会因宝宝的消化功能尚不够成熟而导致消化功能发生紊乱；过晚地添加辅食，则会造成宝宝营养不良，甚至会使宝宝因此拒吃非乳类的流质食物。

·宝宝生病时不要添加辅食

要让宝宝感觉到吃饭是件快乐的事情，那就不能在宝宝不舒服的时候为其添加辅食，也不要增加新的食物。

·不强迫宝宝进食

宝宝也有自己的口味，不是每一个宝宝都会喜欢吃任何味道的食物，所以即使宝宝不喜欢吃某一种食物也没有关系，不要强迫他。妈妈可以选择其他的做法或者过一段时间再添加，即使宝宝一直都不爱吃，也不要强迫他吃。

·注意观察不良反应

添加辅食后要注意观察宝宝的反应，一是看口周和全身皮肤有无湿疹、红肿等情况；二是看宝宝有无呕吐、腹泻等消化道过敏的反应；三是看宝宝的粪便，如粪便不正常也应暂停添加这种辅食，待其粪便正常，无消化不良症状后，再逐渐添加，但量要小。

 ## 正确的辅食添加方法

【说明】	【说明】
由一种到多种	随着宝宝的营养需求和消化能力的增强，应增加辅食的种类。给宝宝添加新食物，一次只给一种，尝试3～4天或1周后，如果宝宝的消化情况良好，排便正常，可再尝试另一种，不能在短时间内增加好几种。辅食的量为每次1/4匙，一天1～2次，每次略微增加分量。如果宝宝对某一种食物过敏，在尝试的前几天就能观察出来
从稀到稠	宝宝在开始吃辅食时可能还没有长出牙齿，所以只能给宝宝喂流质食物，其后，可逐渐再添加半流质食物
从少量到多量	每次给宝宝添加新的食物时，一天只能喂1～2次，而且量不要太大，以后再逐渐增加
从细小到粗大	辅食添加初期食物颗粒要细小，口感要嫩滑，以锻炼宝宝的吞咽能力，为以后过渡到固体食物打下基础。在宝宝快要长牙或正在长牙时，爸爸妈妈可把食物的颗粒逐渐做得粗大，这样有利于促进宝宝牙齿的生长，并锻炼他们的咀嚼能力
坚持耐心喂食	为了让宝宝顺利吞咽，爸爸妈妈喂食的时候可将食物放在舌头正中央再稍微往里一点儿的位置。刚开始可能会发生溢出或吐出的情况，但是没关系，这是很自然的事情，爸爸妈妈要保持良好的情绪，不要焦躁，宝宝很快就会吃得很好了

辅食添加的过程表

【月龄】	【出生4～6个月】	【出生7～9个月】
换乳时期	初期	中期
嘴的情况	将小匙轻轻接触宝宝嘴唇，当他伸出舌头后，放入食物。由于宝宝是在半张口的状态下咀嚼食物，所以会有食物溢出的情况出现	含在嘴里慢慢咀嚼食物
舌头的情况	当口中进入非流质食物即伸舌的情况消失，开始会前后移动舌头吃糊状食物	一旦学会前后上下动舌头，表明宝宝开始会吃东西了
长牙的程度	即便未到长牙的月龄，发育早的宝宝已经开始长下牙	下牙开始长出，但还不能完成咀嚼，个别发育早的宝宝已开始长上牙
换乳进行法	除了喂果汁以外，也可以尝试将蔬菜、水果汁混于米糊里喂食，辅食开始一两个月后再行调整浓度	将剁碎的蔬菜以及碎肉添加到米粥里，用颗粒状物质锻炼宝宝的咀嚼能力
换乳食的程度	黏糊状食物，可以沾在小匙上的程度	像软豆腐一样的程度

续表

【出生10～12个月】	【出生13～15个月】	【出生16～36个月】
末期	**结束期**	**幼儿期**
能用牙龈压碎和咀嚼食物	除了难以咀嚼的、硬的食物外，基本可以和成年人吃一样的食物	利用长出的前牙咬碎食物，板牙则被宝宝用来咀嚼食物
熟练使用舌头做上下摆动等动作	舌头的使用已然接近成年人能力，可以用舌头移动食物	基本可与成年人一样使用舌头
8个月时长出两颗下牙和4颗上牙	1周岁左右板牙开始长出	尖牙会在16～18个月左右长出，两颗板牙长出则要到20个月左右，部分发育快的宝宝可能已经长全全部牙齿
已经可以吃稀饭，也可将蔬菜煮熟后切成碎块喂食	可喂食稀饭、汤、菜，还可添加些较淡的调味料	米饭、杂粮饭、汤菜均可以喂食
软硬程度应控制得像香蕉一样	可咀嚼柔软且易消化的软饭	米饭可以喂食，别的食物选择原则以软、嫩为先

辅食的食材

辅食添加的顺序

为宝宝添加辅食的食材不是爸爸妈妈根据自己的喜好来选择的，是要科学、理性地选择适合宝宝的辅食食材，按照以下的添加顺序，循序渐进，宝宝一定会爱上辅食，吃得健康、吃得开心。

·汁—泥—半固体—固体

辅食的状态应该是由汁状开始，如稀米糊、蔬菜汁、果汁等，到泥状，如浓米糊、蔬菜泥、果泥、肉泥、鱼泥、蛋黄等，再到半固体、固体辅食，如软饭、烂面条、小馒头片等。

·初期—中期—后期—结束期

可以从宝宝4个月时开始添加汁泥状的辅食，算是辅食添加的初期。从宝宝6个月开始添加半固体的食物，如果泥、蛋黄泥、鱼泥等。宝宝7～9个月时可以由半固体的食物逐渐过渡到可咀嚼的半固体食物。宝宝10～12个月时，可以逐渐进食固体食物。

·谷物—蔬菜—水果—肉类

首先应该给宝宝添加的第一种辅食应该是铁强化的米粉，之后就可以添加蔬菜，然后就是水果，最后才开始添加蛋白质类的食物如鱼泥、肉泥、肝泥、蛋黄泥、蛋羹等。

宝宝各阶段添加的辅食

宝宝各个阶段选择的辅食是不一样的，辅食的性状也是不一样的，最好先由米粉开始。当宝宝适应米粉之后，再陆续添加蔬果汁、蔬果泥、肝泥、鱼泥、肉泥、蛋黄泥等其他食物。

【月龄】	【类别】	【食材】
出生4～6个月	谷类	米粉
	蔬菜类	土豆泥、地瓜泥、南瓜泥、萝卜泥、西蓝花泥、胡萝卜泥、菠菜泥、白菜泥
	水果类	苹果泥、香蕉泥、梨汁
	面食类	乌冬面（压碎后食用）
出生7个月	谷类	黑米、小米、玉米（有过敏症状的宝宝可从出生13个月开始食用）等煮成的烂粥
	菜类	洋葱
	水果类	苹果
	海鲜类	三文鱼、金枪鱼、鳕鱼、黄花鱼、明太鱼、比目鱼、刀鱼（有过敏症状的宝宝可以选择性食用）
	肉类	肉泥、肝泥
出生8～9个月	蛋类	蛋黄（有过敏症状的宝宝可以出生1周岁后再开始食用）
	谷类	各种谷类煮成的稠粥
	蔬菜类	各种蔬菜末放在粥或面条里一同进食
	水果类	各种水果丁
	海鲜类	各种鱼类
	乳制品	婴儿用奶酪片（有过敏症状可从生13个月开始食用）
	坚果类	芝麻、黑芝麻、野芝麻、松仁等碾成粉末
	豆类	酸牛奶（有过敏症状的宝宝可从出生13个月后再开始食用）大豆、豆腐、水豆腐（有过敏症状的宝宝可从出生13个月后再开始食用）

续表

【月龄】	【类别】	【食材】
从出生10个月开始	谷类	麦粉（有过敏症状的宝宝可从出生13个月后再开始食用）
	蔬菜类	各种蔬菜碎块
	水果类	各种水果
	海鲜类	虾（有过敏症状的宝宝可从出生25个月后再开始食用）
	肉类	各种碎肉末
	蛋类	鹌鹑蛋、鸡蛋等
从出生11个月开始	谷类	稠粥、软面条
	蔬菜类	各种蔬菜碎块
	肉类	猪肉（里脊）、鸡肉、鸭肉等
	水果类	各种水果
	海鲜类	各种鱼类、虾类
	其他	面包（有过敏症状的宝宝应在医生指导下食用）

续表

【月龄】	【类别】	【食材】
	谷类	各种谷类
	面食类	面条、乌冬面、意大利面、荞麦面（有过敏症状的宝宝可从25个月后再开始食用）、粉条
	蔬菜类	韭菜、茄子、番茄、竹笋等各种蔬菜
	肉类	牛肉（里脊和腿部瘦肉）
从出生12个月开始	水果类	橘子、柠檬、菠萝、杧果、橙子、草莓、猕猴桃
	海鲜类	三文鱼、鲅鱼、干明太鱼、金枪鱼（有过敏症状的宝宝可以选择性食用）
	蚌类	干贝、蛏子、小螺、蛤仔、鲍鱼（有过敏症状的宝宝应在25个月后再开始食用所有蚌类）
	调料类	盐、白糖、酱油、番茄酱、醋、沙拉酱、蚝油（注意：用量尽量少一点）
	其他	玉米片、蜂蜜、蛋糕、香肠、火腿肠、鸡翅
从出18个月后开始	乳制品	奶酪
	坚果类	南瓜子等，碾成碎末拌在粥和米饭中食用
	肉类	猪肉（五花肉）等各种肉类
	海鲜类	黄花鱼、干虾
从出生24个月开始	坚果类	花生、杏仁（如果有过敏症状的宝宝可选择性食用），碾成碎末拌在粥和米饭内食用
	奶制品	酸奶
	其他	巧克力、鱼丸（切成小块，注意喂食安全）

让宝宝爱上辅食的方法

示范如何咀嚼食物

有些宝宝因为不习惯咀嚼，会用舌头将食物往外推，爸爸妈妈在这时要给宝宝做示范，教宝宝如何咀嚼食物并且吞下去。可以放慢速度多试几次，让宝宝有更多的学习机会。

不要喂太多或太快

按宝宝的食量喂食，速度不要太快，喂完食物后，应让宝宝休息一下，不要有剧烈的活动，也不要马上喂奶。

品尝各种新口味

辅食富于变化能刺激宝宝的食欲。在宝宝原本喜欢的食物中加入新鲜的食物，添加量和种类要遵循由少到多的规律，逐渐增加辅食种类，让宝宝养成不挑食的好习惯。若宝宝讨厌某种食物，爸爸妈妈应在烹调方式上多换花样。

宝宝长出牙齿后喜欢咬有质感的食物，所以爸爸妈妈不妨在这时把水果泥改成水果片或便于宝宝拿着的水果条。食物也要注意色彩搭配，以激起宝宝的食欲，但口味不宜太浓。

第二章
Di Er Zhang

宝宝的这些行为
一定要纠正

不好好吃饭，边吃边玩

有些宝宝喜欢一边吃饭一边到处走动，或者玩游戏，因此很多妈妈为了给宝宝喂一口饭，经常跟宝宝的屁股后面追，要是宝宝还不肯吃饭，妈妈就会生气，甚至开始骂宝宝，强迫宝宝吃饭，这样很容易形成恶性循环。当宝宝对食物不感兴趣时，应该立刻收拾饭桌。同时，要检查宝宝是否在饭前吃过零食。用餐前2个小时不要给宝宝吃零食。

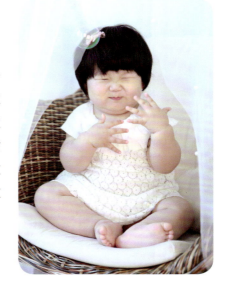

厌食

宝宝有心理压力

宝宝有心理压力的时候，就会不肯吃饭。因此必须站在宝宝的角度，寻找导致心理压力的原因。

宝宝没食欲

宝宝厌食虽然不一定是患病的表现，但是如果还伴有其他症状，并且食欲突然下降则需要引起注意。

·健康，但是食欲不佳

因宝宝体质不同，在饮食量上多少都有差别，因此无法仅根据饮食量来判断健康状况。偶尔可能会因为天气炎热或者活动过多而导致疲劳没有食欲，只要宝宝体重正常增加、精神状况良好就无需担心。

妈妈可以通过改变烹饪方式来提高宝宝的食欲。

·突然食欲下降可能是因为患病

食欲下降、体重下降很可能是心脏方面的问题，这时应注意检查宝宝的发育曲线是否正常。如果是突然厌恶饮食，可能是由于口内发炎引起的疼痛造成食欲下降，应检查宝宝的口腔情况。另外，感冒乜能引起食欲下降。如果宝宝突然食欲下降，爸爸妈妈应注意宝宝的行为是否正常。

偏食与挑食

宝宝偏食与挑食

挑食、偏食是在宝宝中常见的现象。宝宝正处于生长发育旺盛的时期，而人体所需要的各种营养素又来源于各类食物，因此如果宝宝长期挑食、偏食就会造成营养的不平衡，而一旦营养素缺乏或营养过剩都会出现相应的疾病。

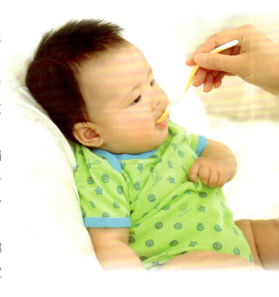

所以，爸爸妈妈对于宝宝的挑食与偏食应引起足够的重视。宝宝挑食或偏食并不是一朝一夕养成的，爸爸妈妈一定要分析原因，有针对性地进行预防与纠正。

宝宝挑食、偏食的原因是什么又与哪些因素有关呢？爸爸妈妈应该怎么应对宝宝的挑食、偏食呢？

·模仿爸爸妈妈的饮食习惯

1～3岁是饮食习惯形成的关键时期，而宝宝的饮食行为主要的模仿对象爸爸妈妈，如果爸爸妈妈有挑食、偏食的习惯，宝宝自然就容易形成同样不良的习惯。有时候爸爸妈妈不经意之中说自己不喜欢吃胡萝卜或菠菜，宝宝也就会对这些食物不感兴趣。爸爸妈妈必须要以身作则，做到不挑食、不偏食，为宝宝树立良好的榜样。如果爸爸妈妈这也不吃、那也不吃，宝宝受其影响，也会出现同样的情况。

·曾经有过不愉快的经历

如果以前在不愉快的情境下被迫吃了某些食物，或者吃某种食物后腹部痛或生病，这都会令宝宝对这种食物产生抗拒的心理。

爸爸妈妈要尽力创造良好的就餐环境和气氛，餐桌上切忌训斥和打骂宝宝，强迫宝宝吃某种食物。

爸爸妈妈用强迫、惩罚、哄骗等消极的办法让宝宝吃东西，不但不能解决问题，有时还会产生负面影响，所以爸爸妈妈在喂宝宝进食时必须要有耐心。

·宝宝的口味比较挑剔

如果爸爸妈妈不注意烹调的方法，不注意颜色的搭配和形状的多样化，或饮食比较单调，就很容易使宝宝形成挑食、偏食的习惯。如有的爸爸妈妈总是给宝宝吃蒸蛋，很少换花样，宝宝自然不爱吃。

爸爸妈妈要注意烹调方法，注意合理搭配。给宝宝制作的食品看起来要美观，并且经常变换花样；食物的气味要诱人；最重要的是食物吃起来要可口。从视觉、嗅觉、味觉三方面都能引起宝宝的食欲，促进消化液的分泌，增进宝宝的消化吸收功能。

宝宝偏食的对策

·培养宝宝良好的饮食习惯

给宝宝辅食时要注意科学、合理、全面地添加，让宝宝对每种食物都要吃，并且要定时、定量，养成良好的习惯。这样，一到吃饭的时间，宝宝体内就会自动分泌消化液，从而产生饥饿感，吃饭时就会感到香甜了。

注意养成宝宝不吃零食的好习惯。如果宝宝零食不离口，消化液不停地分泌，吃饭时，消化液就会供不应求，食物在胃里不能很好地被消化、吸收，宝宝当然就没有食欲了。由于宝宝没有食欲，必定不会好好吃饭，爱吃的吃得多，不爱吃的一口也不吃，渐渐地就会形成挑食、偏食的坏习惯。另外吃零食易导致宝宝胃肠不停地蠕动而得不到休息，长此以往就会使消化功能紊乱。

·严重挑食

妈妈可以每天做不同种食物，让宝宝对食物产生兴趣，切忌不要强行喂宝宝吃，以免他对食物产生厌烦心理。

·选择时令食品

妈妈要找出宝宝偏食的原因，如果是因为蔬菜的苦味或是干巴巴的，口感不好而不想吃，妈妈可以在烹饪方法上多加用心。在挑选加餐食材时，最好选择时令食品，不但新鲜，味道很好，而且营养价值也很高。从现在开始，就让我们一起来做些让宝宝垂涎欲滴的营养餐，激起宝宝的食欲，让宝宝不再偏食！

·不吃胡萝卜和青椒

原因：不喜欢胡萝卜和青椒，洋葱中的苦味和辣味。也是因为蔬菜的纤维牙齿嚼不烂。

对策：在煮蔬菜时放入一点点糖有抑制怪味的作用。

·讨厌肉和鱼

原因：由于鸡胸脯肉和白肉鱼，干巴巴的口感很差，但却是宝宝长身体时所必需的食物，妈妈还需要在烹饪手法上多用心。

对策：把鱼干弄碎放入汤中，在肉馅制成的汉堡中加入豆腐口感会变得很滑。

·养成宝宝按时吃饭的习惯

　　有的爸爸妈妈过于迁就宝宝，宝宝
想吃什么就吃什么，想什么时候吃就什
么时候吃。这样的吃法不仅增加了爸爸
妈妈的负担，另一方面也使得宝宝无法
培养起良好的饮食习惯，进入幼儿园后
也无法适应。鉴于此，爸爸妈妈最好按
时开饭，让宝宝吃完饭后还注意要有一
定的运动量。宝宝需要爸爸妈妈在身边
进行一定的限制。过量的运动也反而会
使得宝宝消耗超标，从而很快感到疲劳
和饥饿，从而扰乱了正常的睡眠和吃饭
时间。

·良好的餐前情绪

　　吃饭时的情绪是否愉快，是决定宝宝是否愉快进食的关键。爸爸妈妈不要在
餐桌上斥责宝宝，也不要把餐桌当成教宝宝的小课堂，吃饭时尽量避免谈论不愉
快的事情。

·一顿饭吃半个小时

　　教育宝宝学会"一口饭嚼10次，一顿饭吃半个小时"的习惯，既不能让宝宝
狼吞虎咽，也不能让宝宝在餐桌上拖好长时间。一到时间就收拾桌子，不要将就
宝宝，为了等他一个人延长吃饭时间。

·爸爸妈妈以身作则

　　想要宝宝在餐桌上举止文明，那么爸爸妈妈首先要管好自己，不能嚼着食物
大声喧哗、将骨头直接扔到地板上，或用自己的筷子在菜盘子里翻来翻去。要尽
量给宝宝做个好榜样，耳濡目染熏陶宝宝。

·让宝宝做好吃饭准备

让宝宝爱上吃饭，做好饭前心理、生理上的准备非常重要。因此，每次饭前半小时，爸爸妈妈就应亲切地告诉宝宝，吃饭时间到了，让宝宝停止正在玩的游戏，做好饭前准备，如洗手、戴围嘴儿。

当宝宝稍微长大些的时候，不妨让宝宝到厨房去帮助妈妈打打下手，还可以让宝宝自己想一个菜谱，提高宝宝吃饭的主动性和积极性。这些参与的办法，都可培养宝宝对吃的兴趣，刺激宝宝的食欲。需注意的是，饭前不要让宝宝剧烈活动或者过分兴奋，宝宝吃饭需要宁静平稳的情绪。

·吃饭时间不要过长、过快

当吃饭的时间过长时，会使宝宝兴奋减弱，消化液分泌减少，从而影响食物的消化和吸收，而且进食时间过长，宝宝也不能长时间地集中注意力认真吃饭，也不利于消化吸收。进食过快，会导致食物没有经过充分地咀嚼就进入胃里，从而加重了胃的消化负担，还会导致咳嗽、呕吐等现象。所以宝宝吃饭速度、时间要适中，不能过长、过快。

小贴士 尝试多种食物

在宝宝的婴幼儿期，就应给宝宝多喂各种味道的食物，让宝宝的舌头尽早习惯各种味道的刺激，这样能促进味觉发育完善，产生良好的适应性。科学研究表明，味蕾是有记忆功能的，儿时吃过什么，长大后仍喜欢吃什么，这种情况就是一个明证。

爸爸妈妈要给宝宝
正面的导向作用

 ## 宝宝的不良行为，
是不是跟你学的

榜样示范法

有些爸爸妈妈喜欢一边吃饭一边说话，或是抽烟，一方面延长了吃饭时间，影响宝宝养成良好的进食习惯，另一方面也不利于宝宝的身体健康。因此，爸爸妈妈要为宝宝树立好榜样。去亲戚朋友家串门，让宝宝们一起吃饭也具有很好的作用。不过爸爸妈妈应该在旁边正确引导，不要偏爱某一个。

不要完全以宝宝为中心

有些爸爸妈妈在吃饭时，会将好吃的食物先给宝宝食用，宝宝爱吃哪样，爸爸妈妈就不能动。长此以往，宝宝会认为只有这样才是正确的，如果哪天爸爸妈妈吃了他爱吃的东西，他会哭闹，而且宝宝会在与小朋友的交往中，会以自我为中心，认为只有自己重要。这样的宝宝会变得不懂分享，不懂爱。

应该把宝宝看成家庭成员之一，吃东西时，无论爸爸妈妈爱吃与否，也要让宝宝分给每人一份，让宝宝学会分享，懂得关爱。

培养宝宝的咀嚼习惯

咀嚼的作用

功能发育	有利于肠胃功能的发育
有利于唾液腺的分泌	让唾液与食物充分混合，促进食欲
使食物磨得比较细碎	提高消化酶活性，促进消化，有利于营养素的吸收
有助于牙齿发育和生长	咀嚼能力不够，宝宝的颌骨发育不好，长出来的牙齿会排列不齐
有利于头面部骨骼、肌肉的发育	加快头部血液循环，增加大脑血流量，使脑细胞获得更多的氧气和营养成分
提高器官发育	充分地咀嚼可以训练口腔、舌头、嘴唇等相应器官肌肉的协调性及灵活性，提高宝宝发音的清晰程度

怎样培养宝宝的咀嚼习惯

1.逐步增加固体食物：菜肴制作逐步从泥状、碎末改成细丝、小片、小丁状，烹调时多用蒸、炒，避免生硬。同时辅助性食品不要添加太慢、太迟，也不要制作得过于精细，使宝宝失去锻炼咀嚼能力的最佳时机。

2.日常饮食注意提供需要充分咀嚼的食物：让宝宝有充分练习咀嚼的机会；并且慢慢烹调尽量讲究色、香、味、形，吸引宝宝的兴趣，激发食欲。

3.爸爸妈妈在日常生活中做好典范：利用宝宝爱模仿的特性，经常示范咀嚼动作给宝宝看，每口食物应慢慢咀嚼，最好每口咀嚼10次。爸爸妈妈示范吃东西细嚼慢咽，诱导宝宝感受咀嚼食物、享受美味的快乐。

4.要吃可咀嚼食物：不要因为害怕宝宝吃得少、吃得慢，就长期让宝宝吃过细过软、无须咀嚼的食品。

5.教给宝宝咀嚼的具体方法："用中间牙齿反复咀嚼，可以切断食物，然后用两边的大牙咀嚼，嚼碎后咽下，再吃第二口"，宝宝掌握了正确的方法，信心就会不断提高。

当宝宝开始尝试用手抓东西吃时，不要制止他，就让他拿着一块饼干或水果吮吸和啃咬好了，但一定要把宝宝的手洗干净，宝宝可能吃得满脸满身都是食物渣，这非常正常，妈妈必须有足够的耐心。

尊重宝宝吃饭的欲望，给予奖励

　　无论如何，只有不挑食的宝宝才能健康成长，快乐地玩耍。因此，当宝宝愿意独自吃饭时，应该尊重宝宝的意愿，并且给予鼓励。早一些培养宝宝独自吃饭的习惯，宝宝在吃饭时才不会妨碍别人用餐。

　　宝宝要学会独自吃饭，需要接受大量的训练。首先，应该让宝宝知道每天需要吃三餐。即使宝宝在吃饭时弄脏了衣服和餐桌，也应该耐心地给予指导。当宝宝不喜欢吃饭的时候，也不能勉强，而应该寻找增加宝宝食欲的方法。与花费很长的时间哄宝宝吃饭相比，让宝宝体验饥饿才是最高明的方法。当宝宝边吃边玩时，没必要跟在宝宝身边喂他吃饭，而应该马上收拾饭菜，等宝宝玩饿了，就会明白按时吃饭的重要性。只要选择营养丰富的食品，即使宝宝的食量很少，也不会影响身体的成长。

爸爸妈妈做个好榜样，宝宝才能养成好习惯

从很大程度上讲，宝宝的饮食习惯是由爸爸妈妈帮宝宝养成的。比如，应让宝宝置身于安静的环境中就餐，一些爸爸妈妈，唯恐宝宝吃得少，边让宝宝看电视边喂饭；也有的边讲故事边喂饭；还有的追着赶着喂饭；更有甚者蹲着便盆喂饭。

久而久之，形成了一顿饭要吃很长时间的坏习惯。宝宝的食欲不是每餐都很好，有时吃的少些也是正常的现象。

一部分爸爸妈妈为了弥补主餐进食量的不足，本着吃一口是一口的原则，在非进餐时间以各种零食补充，这样易形成不规律进餐和乱吃零食的坏习惯。爸爸妈妈对某种食物的喜恶不要影响给宝宝，不要以爸爸妈妈的口味来安排宝宝的饮食，否则易形成挑食和偏食的坏习惯。

总之，要有意识的从小培养宝宝良好的饮食习惯，否则一旦形成一种坏习惯后再纠正起来很困难。所以，从小培养宝宝良好的饮食习惯，会使他们终身受益。

培养宝宝按时吃饭的习惯

在家中，有的爸爸妈妈过于迁就宝宝，想什么时候吃就让他什么时候吃。这种吃法一方面会增加爸爸妈妈的负担，另一方面还会使宝宝无法形成良好的饮食规律，以后上幼儿园也会无法适应，所以爸爸妈妈要做到定时开饭。

根据宝宝喜好调节饮食

这个时期的宝宝喜欢吃偏干的食品，所以为了增进宝宝食欲，可以按照宝宝的口味和喜好调整饮食，但也不要让宝宝饮食过量。这个时候，爸爸妈妈们可以让宝宝吃一些刺激性的辣味食品了，比如做菜的时候可以放一些辣椒，辣味食品有健脑的作用。但是吃辣的东西也要适量，否则会影响宝宝的味觉，而且还会让宝宝食欲降低，容易偏食。

 ## 合理安排宝宝零食

控制宝宝过度吃零食

爸爸妈妈有时太忙，会顾不上控制宝宝吃零食。只要没有了妈妈的限制，宝宝就会没有节制地吃这些美味零食。营养专家指出，很多零食的热量并不低，如糖果、开心果、花生等。加上每天不合理的摄取其他高热量食物，有些宝宝会因摄取过多热量而突然胖起来，特别是原本就较胖的宝宝。因此，妈妈一定要注意控制宝宝过度吃零食，让宝宝保持规律进食。

合理安排零食

·宝宝零食怎么吃

零食应是合理膳食的组成部分，零食的安排需要科学的管理，不能没有，也不能太多，应将零食计入到全天的饮食总量当中。一天的饮食安排以"三餐两点"或者"三餐三点"制为宜。

1.要少吃零食，因为零食毕竟不是主食，宝宝胃口又小，吃多了会影响正餐的进食。

2.零食千万不要零吃，否则宝宝饮食没有规律，也易养成不良的饮食习惯。

3.宝宝吃零食的时间也是很有讲究的。零食宜安排在饭前两小时吃，量以不影响正餐进食为原则。切记宝宝的胃不能装太多东西，1～3岁宝宝的胃容量在200毫升左右，一般零食的量应控制在几十毫升以内，否则会影响下一餐的进食。

4.在选择零食的时候要考虑到宝宝的月龄特点、咀嚼和消化能力。

宝宝在玩耍时吃零食往往不注意卫生和安全，同时会在不经意间吃得过多过快，从而影响正餐的进食时间和进食量。因此应避免在玩耍时吃零食。不要盲目跟随广告选择零食，爸爸妈妈应该利用各种机会，指导宝宝认识各种零食的营养特点，培养宝宝建立正确的饮食观念。

·宝宝零食吃什么

糖果类：糖果类零食是纯热量食品，这类食品营养价值不高。另外，甜食也是造成龋齿的原因之一，不宜经常作为零食给宝宝吃。

冷饮类：雪糕、冰激凌等冷饮类是宝宝们最喜欢吃的零食，尤其是在炎热的夏季。由于这类食品的含糖量很高，吃多了会影响宝宝的胃口，刺激胃肠道。有些宝宝因患"浅表性胃炎"经常腹痛，这些都与贪食冰凉食品有关。

奶制品：各种奶制品（如酸奶、纯牛奶、奶酪等）含有优质的蛋白质、脂肪、糖、钙等营养素，因此应该保证宝宝每天饮用。酸奶、奶酪可作为宝宝的下午加餐，牛奶可早上和睡前食用。

水果：水果中含有葡萄糖、果糖、蔗糖，易被人体吸收；水果中的有机酸可促进消化，增进食欲；水果中含有果胶，有预防便秘的作用；水果还是维生素C的主要来源。

怎么吃零食不影响健康

妈妈都知道吃零食过多对宝宝的身体健康没有好处，可零食毕竟是宝宝的最爱，如果不给他们吃，宝宝一定会哭闹，妈妈更是心疼不已，那到底该怎么办呢？

零食并非是限定死了一点都不能吃的，适量地给宝宝吃一点零食，可以及时地补充宝宝能量以满足身体所需，同时也会让宝宝很开心。但是，在给宝宝选择零食的时候要注意选择合适品种、合适的数量，还要在合适的时间吃，这样，才能够既补充营养又不影响正餐，还能同时调剂了口味。所以，以下几个原则必须要把握住。

·不能无缘无故地就给宝宝吃零食

　　有的妈妈习惯于用零食来解决宝宝哭闹的问题，结果这个坏习惯很快就养成了。其实，当宝宝不开心的时候，不如抱抱他、轻抚他的脑袋，或者在他感到烦闷的时候拿个玩具给他解闷。

·时间必须严格控制

　　快要开饭了，宝宝还在吃零食，那他的正餐量肯定会受到影响。因此，宝宝吃零食的时间应该控制在两餐之间，比如说上午的10点，下午的3点半左右。如果在晚上宝宝吃完晚饭到上床睡觉之间的时间很长的话，也可以考虑在这期间再给一次。

8：00早餐

10：00零食

12：00午餐

15：00零食

18：00晚餐

19：30零食

21：00睡觉

·不能没有选择性地给宝宝吃零食

该给宝宝吃什么样的零食都应该经过妈妈的挑选。太甜、太油腻的糕点、糖果、水果罐头和巧克力不适合经常给宝宝当零食吃，这些食物不但会影响他们的消化，还会导致他们发胖；冷饮、汽水以及其他一些炸薯条等垃圾食品也不宜给宝宝吃。这些对宝宝的生长发育是有百害而无一利的。

小贴士

妈妈可针对宝宝的生长发育情况合理选择零食，如宝宝缺钙，妈妈可常给宝宝吃钙质饼干、喝牛奶等；宝宝缺锌，妈妈可给宝宝吃含锌量高的食品，但不要盲目进食或大量进食，以免引起中毒。

多吃甜食的危害

·肥胖

吃太多甜食会产生很多不良作用，如引起肥胖症、诱发糖尿病、促使龋齿发生等。各种甜饮料或果汁中虽含有丰富的维生素，但天然果糖亦很高，过多地喝这些饮料后，血糖增高，宝宝的饥饿感下降，引起厌食、胃肠不适甚至腹泻。

·骨骼发育

糖是不含钙的酸性食物，如果吸收糖类食品过多，体液就呈中性或弱酸性。身体要恢复正常的弱碱性，就必然要消耗体内的碱性物质——钙，这就严重危害了宝宝骨骼的发育。因此，少吃糖和含糖的橘子汁等饮料，对宝宝的健康成长大有好处。

·偏食

要从婴幼儿期控制其吃糖量，不能让宝宝养成偏爱甜食的习惯。做到吃饭前后、睡前不吃甜食，每天进食糖量不超过每千克体重0.5克。平时多吃一些含维生素B_1的食物，如糙米、豆类、苹果、动物肝脏、瘦肉之类。

如何给超重的宝宝添加辅食

据相关资料显示，目前我国婴幼儿的肥胖率已经超过10%。同时有研究表明，6个月左右的肥胖儿在成年后肥胖率达到14%。由此可见，婴幼儿肥胖将是成年后肥胖的一个征兆，并且也是将来可以导致糖尿病、高血压、高血脂以及冠心病等疾病的隐形导火索。

避免宝宝发生肥胖应从婴儿时期就做起，婴儿肥胖的高峰其实就是在出生后的10个月以内。但万一宝宝已经超重了，那妈妈又该如何应对呢？其实，只要正确地掌握了宝宝的饮食原则，巧妙地进行辅食的添加调整，肥胖宝宝这一难题就不再是难题。

 宝宝比同龄的宝宝要胖很多，食量很大，请问如何调节饮食来控制宝宝的体重？

 有的食量过大的宝宝在这一阶段开始更胖了，原因可能是由于尽管宝宝已经开始吃很多的粥、鱼肉等固体食物，可奶粉的饮用量却没有减少。所以要控制有这类倾向宝宝的饮食，比如把过去吃4次的奶粉减至两次，相应的辅食量也要减少。

·尽量避免用肉汤熬粥炖菜

其实原汁原味的粥、面、菜、肉才是最适合宝宝的辅食，偶尔可以喂宝宝一些肉汤，比如一周1～2次，而且喂汤时要撇去浮在上面的白油。

·可以适当吃点粗粮

每顿都是精米也不利于宝宝的健康，各种杂豆、燕麦、薏米等杂粮远比精米精面更能增加宝宝的饱腹感，加速废物排泄，可以做成烂粥烂饭给胖宝宝吃一些，适当的调节饮食。

· 午餐要"瘦"晚餐要"素"

肉类辅食应尽量选在中午添加，宜选用鸡胸脯肉、猪里脊肉、鱼虾等高蛋白低脂肪的肉类；而在晚餐的菜谱当中应当以嫩香菇、木耳、洋葱、绿叶菜、瓜茄类蔬菜、豆腐等为主。

· 控制淀粉的摄入量

土豆、地瓜、山药、芋头、藕等食物，虽然自身营养价值较高，但同时也很容易使宝宝增长体重，所以，妈妈应该在宝宝的食谱里尽量减少它们出现的频率，而且最好是同时搭配绿叶菜而不是肉类食用。

· 减少点心的摄入量

针对肥胖的宝宝，妈妈不要将含油或糖较高的食品当做宝宝的辅食。即使是锻炼宝宝咀嚼能力的磨牙棒和小饼干也不宜多给胖宝宝吃。当然也不是所有的小零食都不能吃了，妈妈可以用烤馒头干、面包片等做替代品。

 宝宝要添加辅食了，可是蛋黄和蛋白实在不好分开，宝宝可以吃整个鸡蛋吗？

答　最好不要给宝宝吃整个鸡蛋，鸡蛋白的蛋白质宝宝不好消化，可以煮整鸡蛋，然后用一点开水把蛋黄调稀就可以给宝宝吃了。

妈妈要有耐心，千万不可以打骂宝宝

　　大多数宝宝都不肯坐在桌前好好吃饭，尽管妈妈用尽了浑身解数，宝宝还是一口饭也不肯吃，这时很多妈妈除了担心之外，开始生气、无奈，甚至强迫宝宝吃饭。

　　因为宝宝还没有形成固定的饮食习惯，所以他不肯吃饭也是很正常的。这个时候妈妈要有足够的耐心，多说些鼓励的话来引导宝宝吃饭，千万不要用大声的斥责或是打骂来征服宝宝，这样只会起到反作用。而且，妈妈一定要细心观察宝宝饮食习惯，找到他不爱吃饭的原因。

　　宝宝不爱吃饭，有时是因为烹调的方式让他无法接受，所以妈妈不妨试试经常换换烹调方式，比如清蒸啊、红烧啊，让宝宝有新鲜感。妈妈在做饭时要多动脑筋，经常变换花样，把食物做成宝宝喜欢的卡通动物的样子或者是五颜六色的，小宝宝一定会喜欢的。

宝宝说不吃就不吃，妈妈随时有办法

第二章
Di Er Zhang

宝宝不爱吃饭
跟炊具和餐具有关系

 炊具、餐具的清洁很重要

宝宝的肠胃一般都比较脆弱，所以给宝宝用的餐具一定要注意干净、清洁。

厨具要勤消毒

要把一般的厨具和制作辅食的餐具分开放置。使用之后也要及时地用洗涤剂冲洗干净，最好一周用开水消毒1～2次。

预备两个以上的菜刀和菜板

处理水果蔬菜和切鱼切肉的菜板要分别预备，这样能避免细菌的繁殖。如果只有一个菜板，那得注意每次换材料前的清洗。

不要再直接使用用过的勺子

在制作辅食的时候，用来尝试咸淡的勺子不能直接再次接触宝宝的食物，因为那样不仅容易使食物变质，也可能传染细菌给宝宝导致他生病。

制作宝宝辅食的工具

容器

　　在添加辅食初期，选择容器应挑无污染、可消毒的材质，大小以容易让食物散热为宜。因为这个时期基本都是妈妈拿着容器喂宝宝食用，所以并不是一定得挑轻巧、不易碎的容器。但是如果宝宝在实际喂食过程中开始对容器感兴趣，总是试图自己去抓的时候，则应该选择轻而不易碎的容器，如果容器有抗菌功能更好。等到宝宝开始自己吃东西时应该选用防滑的容器。

粉碎机

　　打磨食材的时候，可以用粉碎机来处理少量的食材或者不易碾碎的蔬菜。如果粉碎机的中心有菜渣剩下，可用刷子刷干净。

菜刀和菜板

　　辅食应该使用专用的菜刀和菜板。菜板应该选用容易清洁的并且有过抗菌处理的。能卷起来存放的塑料菜板比较受欢迎，因为它不仅占地少，清洁方便，而且比较方便把切碎的材料移到锅里。

礤床儿

　　使用礤床儿就是为了避免蔬菜和水果中的营养成分被破坏和流失。因为在辅食初期，使用的材料量都小，使用礤床儿切成小颗粒比较方便而且不容易流失水分。
如果残留了食渣也方便用刷子清理，如果有水果汁残留，用刷子刷后放水里冲洗5分钟，再用开水消毒即可。一般一周用开水消毒一次比较妥当。

宝宝常用的餐具

水杯

　　适合宝宝用的水杯应该是轻巧且不易碎的、双手把的，这样的杯子无论宝宝怎么摇晃都不容易打翻漏水，但这样的杯子不适宜拿来让宝宝独立练习喝水。也不能选用带吸管的水杯用作宝宝的练习用杯，因为吸管不易清洗。所以，这两种杯子一般都是在外出时选择使用，在家里的时候使用一般杯子就可以。

围嘴

　　围嘴的长度至少要遮挡住腹部，因为这样才能接住宝宝掉落下来的食物残渣。同时还要留意围嘴的系脖部分，既要方便固定在脖子上同时也要舒服，不然宝宝会抗拒围嘴。围嘴也应选用容易清洗的材质，以减少不必要的麻烦。

匙

　　喂宝宝吃饭的匙以茶匙大小为宜。匙的头部应浅些为好，这样喂起来会容易些。宝宝比较喜欢匙头圆而柔软的材质，因为那样不刺激宝宝的口腔。当宝宝开始自己吃东西的时候，选用轻而且有弧度的匙比较合适。市面上经常有卖很多把手柄处理成环状的婴儿用匙。

棉布

　　去除食渣和过滤汤的时候要用到，还可以在辅食的初期用于再次过滤磨碎或榨汁的材料。棉布在大型超市、药店均可以买到。把药店里买到的纱布或者婴儿用的纱布手绢叠起来也可以当棉布使用，使用过后用肥皂洗干净后消毒，最后在阳光下晒干。

宝宝说不吃就不吃，妈妈随时有办法 第二章
Di Er Zhang

家有胖宝宝，
妈妈责任大

体重指数

计算公式为：体重指数=体重（千克）/身高（米）的平方。儿童体重指数大于22为轻度肥胖，大于25为中度肥胖，大于30为重度肥胖，大于40为极重度肥胖。

尽管目前国际通用标准以中度肥胖指数25作为"安全警戒线"，但最近的研究发现，体重指数只要超过23，出现原发性高血压病、高脂血症、脂肪肝、代谢综合征等症的危险性就会增加。

胖宝宝的类型

过度喂食型胖宝宝

· 原因

这类胖宝宝的爸爸妈妈往往急着给宝宝添加各种食物，在食物的数量、结构、配比上都不够科学。另外有些宝宝出生时为低体重儿，因为爸爸妈妈希望其长得快点，会给予比一般宝宝更多的食物，甚至增加奶粉的浓度等，使得宝宝的体重增长迅速。

·控制体重的方法

1	提倡母乳喂食，纯母乳喂食坚持6个月以上
2	4个月以内不添加任何辅食
3	1周岁以内以奶为主，奶量不超过800毫升/天
4	1周岁以后，也要尽量少吃含糖、含油量高的食物。水果、蔬菜、鱼、蛋、奶等均衡搭配

药物、补品过度摄入型胖宝宝

·原因

这类宝宝的爸爸妈妈为了增强宝宝的体质，往往给宝宝补充这个营养剂那个营养粉，造成某种营养素摄入过多或营养素之间的比例失调，更有些药物、补品中含有激素，会引起内分泌紊乱，造成肥胖。

·控制体重的方法

1	宝宝的营养主要应该从食物中摄取，如无特殊情况，一般不建议给宝宝服用营养素或保健品。尤其是已发生了此类肥胖时，应立即停止服用
2	微量元素和矿物质提倡缺什么补什么，服用之前要先了解宝宝身体的状况，如通过静脉血测定体内矿物质的情况，的确是某种元素缺乏才给予补充
3	服用时一定要遵从医嘱，不可过量。因为即使是维生素和矿物质，过量也会负面影响健康和体内激素平衡

生理遗传型胖宝宝

·原因

体形跟遗传有一定的关系，这一点是大多数专家公认的，如果直系亲属里有肥胖的人，那么宝宝肥胖的可能性就大。

·控制体重的方法

1	从怀孕开始，妈妈就要特别注意控制体重，让宝宝出生后的体重在标准之内
2	调整全家的饮食结构。因为既然已经有潜在的肥胖基因，所以在饮食上就更要有所节制
3	增加户外活动时间，平日里趁着好天气多出去散步，节假日则可以去儿童游乐场玩滑梯、骑木马等，养成运动的习惯

吸收型胖宝宝

·原因

这类宝宝的饮食摄入和作息习惯比较正常，爸爸妈妈也没有特别肥胖的一方，但是就是胖。原因就是其肠胃消化吸收能力比一般的宝宝强。

·控制体重的方法

1	调整食物结构。因为宝宝的吸收力特别强，所以需要适当地调整食物结构。1周岁前控制奶量，在饮食结构上以纤维质、素菜类为主，肉类以鱼虾为主
2	每天安排运动，养成运动的习惯

运动缺乏型胖宝宝

·原因

这类宝宝好静不好动，从婴儿期开始，活动就较同年龄的宝宝要少，消耗少，自然就容易发胖。

·控制体重的方法

1	在1周岁前，可以坚持每天做被动运动，如抚触、婴儿操、婴儿游泳
2	等宝宝活动能力和自主意识增强了，则可以通过设置情景游戏来达到主动运动的目的。所谓情景游戏就是利用一些宝宝熟悉的童话故事设计运动的环节，像老鹰捉小鸡、小火车钻山洞等，让宝宝在趣味的游戏中不知不觉就完成了必要的运动

病理型胖宝宝

·原因

病理性肥胖包括的范围较广，但主要是指因某种疾病引起的肥胖，如柯兴氏综合征、甲状腺机能减退性肥胖、肝炎后肥胖等。

·控制体重的方法

需要到医院就医，进行进一步的诊断治疗。病理性的肥胖经过治疗，也可转为生理性的肥胖，最后逐渐恢复到正常的体质状态。

养成不易发胖的生活习惯

要注意做菜方法

给宝宝提供营养丰富的食物，肉类和蔬菜合理搭配，每天变换不同的食物种类。在色彩上也要有意识地进行搭配，以引起宝宝进食的兴趣。谷物和水果是必不可少的，应每天进食。

不让宝宝边看电视边吃东西

养成安心吃饭的好习惯，吃饭时不要说笑、不玩玩具、不看电视，要端正地坐在桌旁，爸爸妈妈不要催促宝宝，让宝宝细嚼慢咽，在照顾宝宝进餐时，可轻声简单给宝宝介绍食物名称、颜色，增加宝宝的食欲，同时帮助宝宝增长知识。

不要给宝宝压力

让宝宝保持稳定的情绪和舒畅的心情，生活有张有弛，劳逸结合。

遵循高蛋白、低糖、低脂肪的原则

多吃粗粮、水果和蔬菜。粗粮中含有膳食纤维，能够减少饱和脂肪酸的吸收，增加血管弹性。因此，爸爸妈妈应该遵循"一适两低"的基本原则，即适量的蛋白质、低糖和低脂肪，饮食要清淡，不可过饱。

让宝宝坚持运动

积极参加体育锻炼，如散步、慢跑、跳绳、游泳等活动，以促进脂肪消耗，转换为热能。

不适合宝宝吃的食物

满1周岁宝宝开始尝试成人的饮食，多数爸爸妈妈会采取"爸爸妈妈吃什么，宝宝就跟着吃什么"的态度，尤其是终日在外工作的职业女性，大多会选用以便利性为主的市售食品，如饼干、糖果、丸子、酸奶、薯条、汉堡等食物。但爸爸妈妈知道哪些食物不宜给宝宝食用吗？

鸡蛋

在生鸡蛋的外壳上容易附着污物，因此，当鸡蛋未充分洗净，容易使肠胃发育未健全的宝宝生病。熟鸡蛋每天最多吃2个，过多会造成营养过剩，引起身体各功能失调。

质地坚硬的食物

如花生、坚果类及爆米花等食物，容易使宝宝呛到，尽量不要给宝宝吃；此外，像纤维素多的食材，如菜梗或是筋较多的肉类，都应该尽量避免。

口味较重的调味料

如沙茶酱、番茄酱、辣椒酱、芥末、味素或者过多的糖等口味较重的调味料，容易加重宝宝的肾脏负担，干扰身体对其他营养素的吸收，不宜过早食用。

蜂蜜

是一种天然且无法消毒的食物，因含有梭状肉毒杆菌芽孢，当受肉毒杆菌污染时，会在肠道内繁殖并释放出肉毒杆菌毒素，造成婴儿型肉毒杆菌素中毒，再加上胃肠不易吸收，所以应让宝宝于1岁过后再食用。

生冷海鲜

生鱼片、生蚝等海鲜，即使新鲜，但未经烹煮过程，容易发生感染及引发过敏的现象，不宜食用。

经过加工的食品

食品加工过程会破坏维生素，将蔬菜和水果晒干，可破坏维生素C，不过在风干的过程中维生素C损坏较少；水果在制成蜜饯的过程中，维生素C经糖等泡后几乎完全损失了；蔬菜经过腌制，维生素C大部分被破坏。满足维生素C需要宝宝多吃新鲜水果和蔬菜。

经过油炸的食物

大量食用"油炸食品"对宝宝的智力、身高发育会产生很大影响。过多的食用油炸食品会造成宝宝肥胖，而肥胖将会严重的影响激素代谢。尤其是用于代谢血糖的胰岛素，如果胰岛素分泌过少会抑制蛋白质合成，蛋白质是人体的构件单元，如果它的合成减少了，就会对宝宝的身高尤其是智力造成严重的影响。严重的可能造成慢性脑综合征等严重的病症。这些对宝宝的生长发育以及将来的发展都极为不利。另外，过量食用这些食物还会影响宝宝的智力发育。肥胖是宝宝体内脂肪过多，会对神经细胞产生影响，损害宝宝正在发育的神经通道，对宝宝的智力发育造成伤害。

果冻

果冻本身没什么营养价值，只是爽滑可口，宝宝很喜欢吃。果冻中含有大量的琼脂和明胶等凝固剂，这类物质并不会被人体吸收，但是其中含有的甜味剂和防腐剂对宝宝的肝、肾等都会造成一定的伤害，因为宝宝的器官发育还不完全，经常吃会影响宝宝的生长发育，使宝宝发育缓慢。

方便面

方便面是时下流行的快餐食品之一，是由油炸面条加上食盐、味精所组成。由于它的特殊风味，所以很多宝宝都喜欢吃，爸爸妈妈便经常作为饮食中的主要食物。然而，方便面最大弊端就在于缺乏蛋白质、脂肪、维生素以及微量元素，而这些恰恰是宝宝各个器官和组织发育时必不可少的养分。

可乐饮料

可乐属于一种碳酸饮料，其中含有一定量的咖啡因，影响中枢神经系统，喝多了会上瘾，让宝宝总想喝。碳酸饮料中还含有大量的糖，大量饮用会引起肥胖，宝宝不宜多喝。

动物脂肪

动物脂肪大多属于饱和脂肪酸，对宝宝来说弊大于利。过多食用动物性脂肪不仅造成肥胖，还会对宝宝大脑的发育造成一定的障碍，宝宝过胖会导致大脑反应迟钝，内脏脂肪堆积等现象，还会影响钙的吸收。

巧克力

巧克力含有大量的热量，很容易引起宝宝肥胖。如果食用过多，还会使中枢神经处于异常兴奋状态，产生焦虑不安、心跳加快等现象，使宝宝的血糖升高，让宝宝没有饥饿感，从而会影响宝宝的食欲。

酸性食物

酸性食物并非指食物的酸味，而是指各种肉类、蛋类及高淀粉类食物，这些食物在胃中会变成酸性物质，影响宝宝的身体健康。这些食物往往被爸爸妈妈认为是高营养品，但它们在人体内的最终代谢产物为酸性成分，因此可使血液呈酸性，过多食用有可能导致宝宝形成酸性体质，使参与大脑正常发育和维持大脑生理功能的钾、钙、镁、锌等元素大量消耗掉。

烤羊肉串

宝宝不宜常吃火烤、烟熏的食物，烟熏火烤的食物如果火轻了会熟不透，其中会含有大量的细菌，对宝宝的健康不利，再者不熟的食物宝宝很难消化吸收，对胃肠也是一种伤害，还可能引起宝宝胃肠疾病；如果火重的话，会导致烤焦烤糊的现象，木炭烧烤烟熏，再加上将肉烤焦，会产生大量的致癌物质，如人们熟知的苯并芘，是一种很强的致癌物质，如果宝宝经常食用，会导致致癌物质在体内积蓄，宝宝本身代谢能力差，成年后容易病变癌症。

精食

很多爸爸妈妈经常给宝宝吃精米精面。医学专家认为，长期吃过于精细的食物，会减少B族维生素的摄入从而影响宝宝神经系统的发育，而且，还会因损失过多的铬元素而影响视力发育，铬是人体内一种重要激素，不足时可使胰岛素的活性减退，调节血糖的能力下降，致使食物中的糖分不能正常代谢而滞留于血液之中。最终，导致眼睛的屈光度改变形成近视眼。

洋快餐

洋快餐因其良好的就餐环境及诱人的风味，特别受到宝宝的青睐。因此，爸爸妈妈经常给宝宝购买，不少宝宝因为这样成了小胖墩，与原发性高血压病、糖尿病、脂肪肝、肥胖脑等多种"文明病"结了缘。因为，洋快餐多是高脂肪、高热量，而维生素含量却较低。加之油炸、煎、烤的烹饪方式，致使各种营养素比例严重失衡。

小贴士

如通常一份洋快餐提供的热量可达4 000千焦以上，已占3岁宝宝每日供给量标准的88%～113%，其中脂肪提供的热量又占总热量的40%～59%。大量热量进入宝宝体内，必然超过正常代谢所需，于是转化成脂肪堆积在体内，导致宝宝肥胖。

宝宝说不吃就不吃，妈妈随时有办法

第二章
Di Er Zhang

给妈妈推荐的
宝宝食谱

 适合4～6个月宝宝的辅食

推荐辅食 胡萝卜泥

材料： 苹果1/3个，胡萝卜1/4个，开水50毫升。

做法： 1.将胡萝卜切碎，苹果去皮切碎。
2.将胡萝卜放入开水中煮1分钟研碎，然后放入锅内用小火煮，并加入切碎的苹果，煮烂后即可。

推荐辅食 菜花泥

材料： 菜花3朵，清水20毫升。

做法： 1.将菜花切碎，放在锅里煮软。
2.将菜花过滤后放入小碗；用匙碾成细泥后加清水调匀即可。

推荐辅食 蛋黄糊

材料：

鸡蛋1个，温水30毫升。

做法：

1.将鸡蛋洗净，放在热水锅中煮熟，煮得时间久一些。

2.鸡蛋去壳，剥去蛋白，将蛋黄放入研磨器中压成泥状。

3.将蛋黄用温水调成糊状，待凉至微温时食用即可。

推荐辅食 香蕉泥

材料：

熟透的香蕉1根，柠檬汁各少许。

做法：

1.将香蕉洗净，剥皮，去白丝。

2.把香蕉切成小块，放入榨汁机中，滴几滴柠檬汁，搅成均匀的香蕉泥，倒入小碗内即可。

 ## 适合7～9个月宝宝的辅食

推荐辅食 胡萝卜甜粥

材料： 大米两小匙，清水120毫升，切碎过滤的胡萝卜汁1小匙。

做法： 1.大米洗净用水泡1～2小时，然后放入锅内用小火煮50分钟至烂熟。

2.快熟时加入事先过滤的胡萝卜汁，再煮10分钟左右即可。

推荐辅食 菠菜大米粥

材料： 菠菜适量，大米粥一碗。

做法： 1.将香蕉洗净，剥皮，去白丝。

2.将新鲜菠菜叶洗净，放入开水中氽烫至熟，沥干水分备用。

3.用刀将菠菜切成小段，再放入粉碎机中磨成泥状，最后加入准备好的稀粥中混匀即可。

推荐辅食 番茄碎面条

材料： 番茄1/4个，儿童面条10克，蔬菜汤适量。

做法： 1.在面条中加入两大匙蔬菜汤，放入微波炉加热1分钟。番茄切碎，放入微波炉加热10秒钟。

2.将加热过的番茄和蔬菜汤面条倒在一起搅拌即可。

推荐辅食 鸡汤南瓜泥

材料： 鸡胸脯肉、南瓜各20克，清水适量。

做法： 1.将鸡胸脯肉剁成泥状。南瓜去皮切小块。锅置火上，锅里放入一碗清水和鸡胸脯肉一起煮。另起锅，将南瓜蒸熟，并用小匙碾成泥。

2.将鸡肉汤熬成一小碗后，滤掉肉末，倒入南瓜泥中，煮一会儿即可。

推荐辅食 牛肉菜花粥

材料： 大米两匙，牛肉10克，菜花5克，清水3/4杯。

做法： 1.将牛肉切成小粒。菜花切碎。

2.把牛肉炒到快熟时和大米粥、菜花粒一起放入清水锅里用大火煮。当水沸腾后把火调小，煮到大米粥烂熟后熄火即可。

推荐辅食 大米牛肉粥

材料： 大米粥两匙，牛肉10克，洋葱5克，牛肉汤汁3/4杯。

做法： 1.牛肉、洋葱切成小粒备用。

2.把牛肉放锅里炒到半熟。将大米粥、洋葱粒、牛肉汤汁一起放锅里煮至沸腾后把火调小，煮到大米粥熟烂为止然后熄火。

 适合10～12个月宝宝的辅食

推荐辅食 什锦烩饭

材料： 牛肉末3匙，胡萝卜1/5根，土豆1/3个，豌豆4粒，牛肉汤1碗，大米两匙，鸡蛋1个。

做法： 1.捣将胡萝卜、土豆削皮，切碎。
2.将鸡蛋煮熟，取蛋黄，备用。
3.将大米、牛肉末、胡萝卜、土豆、牛肉汤、豌豆粒一同放入焖饭锅焖熟。
4.将煮熟的蛋黄加入到饭中搅拌即可。

推荐辅食 酱汁面条

材料： 细面条50克，清水适量，葱末、植物油、酱油各少许。

做法： 1.锅置火上，将植物油放入锅里烧热，放入葱末炒香，马上加几滴酱油后加水煮开。

2.水开后放入细面条煮软即可。

推荐辅食 奶酪炒鸡蛋

材料： 婴儿奶酪1/4片，黄油1小匙，蛋黄1个，配方奶50毫升，橄榄油少许。

做法： 1.捣碎婴儿用奶酪。黄油蒸化后和奶酪、蛋黄、配方奶一起搅匀。

2.煎锅里放橄榄油炒，并放入上述食材，用木匙边搅边炒，炒熟后关火取出即可。

推荐辅食 白菜丸子汤

材料： 牛肉50克，洋葱10克，白菜10克，胡萝卜5克，牛肉汤200毫升。

做法： 1.牛肉和洋葱捣碎后搅拌，然后做成直径1厘米的丸子。白菜切成5毫米大小，胡萝卜切成圆形薄片状。

2.把适量的牛肉汤倒入锅里煮开，再放入丸子继续煮。等丸子煮熟后放入切好的白菜和胡萝卜煮开。

推荐辅食 **担担面**

材料： 龙须面30克，清水适量，葱末少许，熟肉末1匙，肉汤3匙。

做法： 1.锅置火上，将植物油放入锅里烧热，放入葱末炒香，加熟肉末拌匀。

2.锅里加清水煮开后放入龙须面，待龙须面煮烂后捞起放入碗里。

3.将肉汤加热，再将面条放入汤中，撒上肉末即可。

适合13～15个月宝宝的辅食

推荐辅食 彩色饭团

材料： 大米软饭1碗，黄瓜15克，牛肉25克，蛋黄1个，盐少许，酱油1/2小匙，芝麻粉1小匙，香油1/2小匙。

做法： 1.用盐搓掉黄瓜表皮的刺后带皮捣碎后用盐腌渍，最后去水再放煎锅里炒熟。

2.牛肉捣碎后加酱油、芝麻粉后充分搅拌放煎锅里炒熟，捣碎蛋黄。

3.把饭分成三等份后，放入黄瓜、牛肉充分搅拌。

4.将饭一匙一匙捏成饭团即可。

推荐辅食 奶酪鸡蛋包饭

材料： 大米软饭1碗，虾仁10克，胡萝卜10克，洋葱5克，婴儿食用奶酪1/2片，鸡蛋1个，黄油、盐各少许。

做法： 1.捣碎虾仁，胡萝卜、洋葱、婴儿食用奶酪切成小块。

2.鸡蛋搅打后用盐调味。

3.锅里放黄油炒胡萝卜、洋葱、虾仁后加软饭充分搅拌，最后加婴儿食用奶酪再炒一次。

4.锅里加鸡蛋液，半熟后加入炒好的胡萝卜、洋葱、虾仁与大米饭一起炒熟，再用蛋饼包好。

推荐辅食 炒面

材料：

乌冬面50克，卷心菜20克，胡萝卜10克，香油1小匙，加工好的鸡胸脯肉1大匙，酱油1/2小匙，清水50毫升，芝麻盐少许。

做法：

1.乌冬面用沸水煮一会儿，再用凉水清洗一遍，用漏勺捞出来，沥干水分后再以两厘米的长度切成条。

2.卷心菜和胡萝卜洗净后切成与乌冬面大小一样的条状。

3.将鸡胸脯肉用绞肉机研碎。

4.锅里蘸点香油，把加工好的鸡胸脯肉和卷心菜放锅里翻炒。

5.待鸡胸脯肉和卷心菜熟了以后，把乌冬面和水放入锅里炒一会儿，加入酱油后再炒一会儿。

6.最后把少许芝麻盐撒上即可。

推荐辅食 蘑菇饭

材料：

大米30克，冬菇30克，洋葱10克，奶酪1大匙，黄油1小匙，鸡汤100毫升。

做法：

1.大米洗净后用凉水泡1小时，再用漏勺捞出来。

2.冬菇把茎部去掉，用水洗净后切成1厘米大小的块。

3.洋葱洗净后剥皮，切成跟冬菇一样大小的块。

4.锅里放点黄油，把加工好的洋葱和冬菇放锅里炒。

5.把泡好的大米和鸡汤放入锅里用大火煮。

6.煮到一定程度时将火调小，等饭粒煮熟后把洋葱和冬菇放在一起继续煮，最后把奶酪放锅里搅拌均匀即可。

适合16～36个月宝宝的辅食

推荐辅食 **鸡蛋炒饭**

材料： 大米饭1小碗，鸡蛋1个，牛肉10克，婴儿食用奶酪1片，酱油1小匙，植物油、香油、黑芝麻各少许。

做法： 1.牛肉捣碎后加到放植物油的煎锅里炒熟，加鸡蛋再炒一次。

2.将婴儿食用奶酪捣碎。

3.把温饭、酱油、香油、鸡蛋一同放入碗里充分搅拌后撒上婴儿食用的奶酪和黑芝麻。

推荐辅食 **营养紫菜饭**

材料： 大米1小碗，烤好的调味紫菜1张，芝麻1/2小匙。

做法： 1.用剪刀剪碎烤脆的调味紫菜。

2.大米饭里放芝麻充分搅拌。

3.把芝麻和大米饭捏成圆的饭团。

4.盘子里装上紫菜末，再将饭团在紫菜末上滚动即可。

推荐辅食 素花炒饭

材料： 胡萝卜1/3根，甜椒20克，菠萝10克，火腿肉30克，青葱10克，软米饭1/2碗，橄榄油1小匙，盐1小匙。

做法： 1.将胡萝卜、甜椒、菠萝、火腿肉切丁，青葱切成葱花备用。

2.把葱花与胡萝卜丁、软米饭和盐用不粘锅小火炒松。

3.将甜椒、菠萝、火腿肉放入一同炒匀即可。

推荐辅食 蛋黄紫菜包饭

材料： 米饭1小碗，鸡蛋1个，黄瓜30克，胡萝卜30克，烤好的海苔1片，植物油1匙。

做法： 1.平底锅里放入油，烧热。把鸡蛋液倒入，均匀地摊成鸡蛋饼。

2.把胡萝卜、黄瓜和鸡蛋饼切成丝备用。

3.拿出一片海苔，铺在寿司帘上，把米饭铺在海苔上。

4.在米饭上放上胡萝卜丝、黄瓜丝和鸡蛋丝。

5.将寿司帘卷起，来回卷几次捏紧；用刀切成小块，装盘即可。

宝宝说不吃就不吃，妈妈随时有办法

好妈妈给宝宝
吃对不吃错

 ## 这些蔬果是预防宝宝疾病的高手

冬瓜

1.夏季感冒

鲜冬瓜1块切片，粳米1小碗。冬瓜去皮、瓤切碎，加入花生油炒，再加适量姜丝、豆豉略炒，和粳米同煮粥食用，每日两次。

2.咳嗽有痰

用鲜冬瓜1块切片，鲜荷叶1张。加适量水炖汤，加少许盐调味后饮汤吃冬瓜，每日两次。

土豆

1.习惯性便秘

鲜土豆洗净切碎后，加开水捣烂，用纱布包绞汁，每天早晨空腹服下一两匙，连续15～20天。

2.湿疹

土豆洗净，切碎捣烂，敷患处，用纱布包扎，每昼夜换药4～6次，两三天后便可缓解湿疹的症状。

萝卜

1.扁桃体炎

鲜萝卜绞汁30毫升，甘蔗绞汁15毫升，加适量白糖水冲服，每日两次。

2.腹胀积滞、烦躁、气逆

鲜萝卜1个，切薄片。酸梅两粒，加清水3碗煎成1碗，去渣取汁加少许食盐调味饮用。

白菜

1.百日咳

大白菜根3条，冰糖30克，加水煎服，每日三次。

2.感冒

大白菜根3条洗净切片，红糖30克，生姜3片，加水煎服，每日两次。

胡萝卜

1.营养不良

胡萝卜1根，煮熟，每天饭后当零食吃，连吃一周。

2.百日咳

胡萝卜1根，挤汁，加适量冰糖蒸熟，温服，每日两次。

提高宝宝免疫力的食物

铁、锌很重要

控制免疫力的白细胞是血液中的成分，因而对增加血液是至关重要的。要保证摄入充足的铁、锌等矿物质。

富含铁的食物	猪肝、鸡肝、动物血、瘦肉、蛋黄、赤小豆、黄豆、黑木耳、芝麻酱等
富含锌的食物	鸡肝、猪肝、贝壳类、鱼、瘦肉、紫菜、海带、坚果等

蛋白质的补充

作为组成细胞基础的蛋白质也是不可少的，特别是鱼类（鱼类食物可能引起过敏反应，应从换乳后期开始添加）等优质蛋白质源，含有DHA和EPA等不饱和脂肪酸。可以使血液通畅，使白细胞由血液顺利到达全身。

【富含优质蛋白质的食品有两类】	
一类是动物性蛋白	如鱼、肉、蛋、禽、乳类
一类是植物性蛋白	如豆类、豆腐等

维生素A和维生素C

白细胞是以团队形式进行工作的，巨噬细胞和淋巴球等通过放出化学物质使巨噬细胞提高工效。摄取维生素A和维生素C可以增加巨噬细胞的放出量。维生素C除攻击侵入体内的细菌，还有缓解紧张的功效。

富含维生素C的食品	橙子、猕猴桃、草莓、番茄、青椒、菜花、南瓜等
富含维生素A的食品	动物肝脏、胡萝卜、南瓜、番茄、芒果菠菜等黄绿色蔬菜和奶酪

 ## 影响宝宝智力的食物

以下四类食物宝宝如果吃多了，会影响大脑的发育，使宝宝智力出现问题。

含铝食物

世界卫生组织提出，人体每天摄铝量不应超过60毫克，如果一天吃50～100克油条便会超过这个允许摄入量，导致记忆力下降、思维能力迟钝，所以，早餐不能以油条为主食。经常使用铝锅炒菜，铝壶烧开水也应注意摄铝量增大的问题。

过咸食物

人体对食盐的生理需要极低，成人每天摄入量应在6克以下，儿童每天摄入3克以下，常吃过咸食物的人，不仅会引起高血压、动脉硬化等症，还会损伤动脉血管，影响脑组织的血液供应，使脑细胞长期处于缺血缺氧状态而导致智力迟钝、记忆力下降，甚至过早老化。

含糖精、味精较多的食物

糖精用量应加以限制，否则会损害脑、肝等细胞组织，甚至会诱发膀胱癌。世界卫生组织曾提出成年人每天食用味精不得超过4克，孕妇及周岁以内的宝宝禁食，周岁以内的宝宝食用味精有引起脑细胞坏死的可能。妊娠后期的孕妇多吃味精，会引起胎儿缺锌，影响宝宝出生后的体格和精神发育，不利于智力发展。

含过氧脂质的食物

专家指出过氧脂质对人体是十分有害的，如果长期从饮食中摄入过氧脂质，过氧脂质在人体内不断地积聚，最终可使人体内某些代谢酶系统遭受损伤，导致大脑早衰或慢性脑综合征。

日常生活中的很多食物中都含有过氧脂质，如熏鱼、烧鸭、烧鹅等。还有很多的油炸食品中也都含有过氧脂质，如炸过鱼、虾的油会很快氧化并产生过氧脂质。其他的食品，如鱼干、腌肉及含油脂较多的食物在空气中都会被氧化而产生过氧脂质。因此，对于此类食品在日常生活中一定要尽量减少摄入量。

宝宝饮食禁忌

不要给宝宝吃油腻、刺激性的食物

爸爸妈妈在给宝宝选择辅食时，一定不要给宝宝吃油腻、刺激性大、无营养的食物。

1.咖啡、可乐等饮料影响宝宝神经系统的发育。

2.糯米等不易消化的食物会给宝宝消化系统增加负担。

3.刺激性大的食物不利于宝宝的生长，如辣的、咸的。

4.不宜给宝宝喝冷饮，这样容易引起消化不良。

不要给宝宝吃太多菠菜

有的爸爸妈妈害怕宝宝因为缺铁而贫血，所以就让宝宝多吃菠菜补充铁。实际上，菠菜含铁量并不很高，最关键的是菠菜中含有的大量草酸，容易和铁结合成难以溶解的草酸铁，还可以和钙形成草酸钙。如果宝宝有缺钙的症状，吃菠菜会使佝偻病情加重。所以，不要为了补充铁而给宝宝吃大量的菠菜。

不要给宝宝吃过多的鱼松

有的宝宝很喜欢吃鱼松，喜欢把鱼松混合在粥中一起食用，妈妈也喜欢喂宝宝鱼松，认为鱼松既有营养又美味。虽然鱼松很有营养，但是也不能过量食用。这是因为鱼松是由鱼肉烘干压碎而成的，并且加入了很多调味剂和盐，其中还含有大量的氟化物，如果宝宝每天吃10克鱼松，就会从中吸收8毫克的氟化物，而且宝宝还会从水中和其他食物中吸收很多氟化物。然而，人体每天吸收氟化物的安全量是3～4.5毫克，如果超过这个值，就无法正常代谢而储存在体内，若长时间超过这个值，就会导致氟中毒，影响骨骼、牙齿的正常发育。

不要给宝宝吃过量的西瓜

到了夏天，适当地吃点西瓜对宝宝是有好处的，因为西瓜能够消暑解热。但是如果短时间内摄取过多的西瓜，就会稀释胃液，可能造成宝宝消化系统紊乱，导致宝宝腹泻、呕吐、脱水，肠胃不好的宝宝，更不能吃西瓜。

不宜给宝宝的食物加调料

对于月龄较小的宝宝，食物中不宜添加盐之类的调味品，因为月龄较小的宝宝肾脏功能还没有完善，如果吃过多的调味料，会让宝宝肾脏负担加重，并且造成血液中钾的浓度降低，损害心脏功能。所以，12个月以内的宝宝尽量避免食用任何调味品。

宝宝咳嗽时的饮食禁忌

宝宝在咳嗽的时候，不要吃寒凉的食物，否则容易造成肺气闭塞、咳嗽加重，而且还容易伤及脾胃、聚湿生痰。同时，不要吃肥甘厚味的食物，多吃清淡的食物。咳嗽多是由于肺热引起，肥甘厚味的食物可产生内热，加重咳嗽。

还要注意的是，宝宝如果咳嗽，不要给宝宝吃橘子，因为橘肉是生热生痰的水果，而橘皮却是化痰的佳品。

饮料也不可以乱给宝宝喝

虽然果汁饮料口感好、味道甜，宝宝喜欢喝，但最好不要给宝宝喝。夏季，越来越多品种的饮料出现，再加上夏季炎热，宝宝都喜欢喝冰冻饮料，但事实上，喝冰冻的饮料，不但不会起到解暑的作用，还会引起宝宝的肠胃不适。因此，爸爸妈妈一定不要因为心疼宝宝，或受不了他的哭闹而给他们喝冰冻的饮料。

碳酸饮料

碳酸饮料是在一定条件下充入二氧化碳气体的饮品，饮料中二氧化碳气体的含量不低于2.0倍。长期喝碳酸饮料，不仅能使人变胖，还会伤害到肠胃，使大量的钙流失，尤其是正在生长发育的婴幼儿，一定不要给他们喝碳酸饮料，更严重的甚至会影响宝宝的生长发育。

·果汁型

果汁型的碳酸饮料，是原果汁含量不低于2.5%的碳酸饮料，如橙汁汽水、菠萝汁汽水或混合果汁汽水等。虽然这种饮料含有原果汁，但含量少之又少，一定不要因为它标注含有原果汁，就给宝宝喝。

·果味型

果味型碳酸饮料，是以果香型食用香精为主要原料，都是采用食品添加剂，长时间给宝宝饮用，会严重伤害到宝宝娇嫩的胃肠。

·低热量型

低热量型碳酸饮料，是以甜味剂等添加剂，全部或部分代替糖类的碳酸饮料和苏打水。虽然商家打着低热量的旗号，但是仍含有大量添加剂，一样会使宝宝身体受到伤害，也会引起发胖。

茶饮料

茶饮料，是用水浸泡茶叶，经抽提、过滤、澄清等工艺，在茶汤中加入水、糖液、酸叶剂、食用香精、果汁抽提液等调制加工而成的饮品。

·果汁茶饮料

果汁茶饮料，是在茶汤中加入水、原果汁（或浓缩果汁）、甜味剂、酸味剂等调制而成的饮品。

·果味茶饮料

果味茶饮料，是在茶汤中加入水、食用香精、甜味剂、酸味剂等调制而成的饮品。

植物蛋白饮料

植物蛋白饮料，是用蛋白质含量较高的植物的果实、种子或核果类、坚果类的果仁等为原料，经过加工制成的饮品。

·豆乳类饮料

豆乳类饮料，是以黄豆为主要原料，经打磨、提浆、脱腥等工艺，浆液中加入水、糖液等调制而成的饮品，有豆浆等饮料。

·椰子乳、杏仁乳饮料

椰子乳饮料，是以新鲜、成熟适度的椰子为原料，取其果肉再加入水、糖液等调制而成的饮品。杏仁乳饮料，是以杏仁为原料，经过浸泡、打磨等工艺，在浆液中加入水、糖液等调制而成的饮品。以上植物蛋白型饮料，同样也是加入大量的添加剂、防腐剂制成的，爸爸妈妈一定要为宝宝的身体健康着想，不要图一时省事，大量给宝宝饮用。

果汁饮料

果汁饮料是以水果为原料，经加工制成的饮品。

·浓缩果汁

浓缩果汁是采用物理方法从水果中除去一定比例的水分，制成具有果汁特征的饮品。

·果肉果汁

果肉果汁是在果浆（或浓缩果浆）中加入水、糖液、酸味剂等添加剂调制而成的饮品。爸爸妈妈不要认为，这种果汁里含有水果的果肉，就可以肆无忌惮的给宝宝喝，其实这种饮料同样会给宝宝带来不小的伤害。

乳饮料

乳饮料是以鲜乳或乳制品为原料，经过发酵或未经发酵，加工制成的饮品。

·配制型含乳饮料

配制型含乳饮料，是以鲜乳或乳制品为原料，加入水、糖液、酸味剂等添加剂，调制而成的饮品。

·发酵型含乳饮料

发酵型含乳饮料，是以鲜乳或乳制品为原料，经乳酸菌类培养发酵、乳液中加入水、糖液等，调制而成的饮品。

·特殊用途饮料

特殊用途饮料，是通过调整饮料中天然营养素的成分和含量比例，以适应特殊人群营养需要的饮品。

·运动饮料

运动饮料，是营养素的成分和含量能适应运动员或参加体育锻炼的人群的运动生理特点，并能提高运动能力的饮品。

·营养素饮料

营养素饮料，是添加适量的食品营养强化剂、水、添加剂等，以补充特殊人群营养需要的饮品。爸爸妈妈不要认为运动型饮料、营养型饮料，就可以给宝宝喝，任何饮料中都含有一定的添加剂成分，长期喝都会伤害到宝宝的身体健康，甚至会影响宝宝的大脑发育。

第三章
Di San Zhang

宝宝不睡不睡就不睡，
妈妈怎么办

不同阶段的宝宝
会有不同的睡眠问题

 0～1岁婴儿：易形成不良睡眠习惯

　　在新生儿期，宝宝大部分时间是在睡眠中度过的，虽然有时会遇到夜啼、日夜颠倒及半夜需哺乳等问题，但只要妈妈照顾得好，睡眠还是不会太困扰爸爸妈妈的。过了新生儿期的小宝宝，会出现不肯乖乖睡觉的问题，这一时期如何安排好宝宝的睡眠，是考验爸爸妈妈耐心的重要时期。

　　1～3个月的宝宝，生活内容主要是吃了睡、睡了再吃，每天平均要吃6～8次，每次间隔时间在2.5～3.5小时相对来说，睡眠时间较多，一般每天要睡18～20个小时（1个月时，宝宝每天还会睡20小时，到了3个月大时，宝宝每天的睡眠时间为17～18小时。白天睡3次，每次睡2～2.5个小时，夜里可睡10个小时）。

4个月后，可将宝宝白天的睡眠时间逐渐减少1次，即白天睡眠3～4次，每次1.5～2小时。

夜间如宝宝不醒，尽量不要惊动他。如果宝宝醒了，尿布湿了可更换尿布，或给他把尿，宝宝若需要吮奶、喝水可喂喂他，但尽量不要和他说话或逗引他，让他尽快转入睡眠。但要注意他睡觉的姿势，经常让他更换头位，以防他把头睡偏。如果宝宝在晚上有灯光的房间中哭闹无法入睡，尽量减弱灯光的亮度。如果宝宝睡觉的地方和他的日常玩具很近，尽量将它们移开。在宝宝似睡非睡的时候，将其放到小床中，培养他自我入睡的习惯。新生儿除哺乳时间外，几乎全处于睡眠状态，新生儿每天约需睡眠20小时以上。睡眠的数量和质量某种程度上决定这一时期宝宝的发育良好与否。因此，妈妈要做好宝宝的睡眠护理工作，否则宝宝就会养成不良的睡眠习惯，不容易入睡。

1～3岁幼儿：他们拖延睡觉是因为贪玩儿

1～3岁的宝宝，睡眠与婴儿时期有了很大不同，大概每天睡12个小时左右，白天1～2个小时，晚上大概是10个小时。1～3岁的宝宝协调能力、语言能力、逻辑能力都有了很大提高，宝宝能够自主的游戏或者与小伙伴玩耍。这个时候宝宝白天都不愿意待在家里，而是想着出去找小伙伴玩儿，并且总是玩不够。晚上明明已经很困了，他还是不愿意睡觉，总是拖延时间，这是因为宝宝没有玩够，他还想再玩一会儿，他怕自己睡着了就不能玩了。对这个阶段的宝宝，爸爸妈妈要注意晚饭以前都可以让宝宝尽情玩耍，多去户外活动，消耗他旺盛的精力，但是晚上就不要跟宝宝玩儿刺激性强的游戏了，免得宝宝晚上临睡还在惦记游戏的事情不肯睡觉。但是晚上可以跟宝宝做一些安静的游戏，如拼图、看书、搭积木等，睡前半小时给宝宝洗漱，慢慢进入睡眠氛围。

学前儿童：越来越复杂的不睡觉的理由

这个时期的宝宝可谓是"人小鬼大"，而且自我意识已经很强，他们有越来越多的复杂理由不肯睡觉。

不适应睡眠方式改变

以前宝宝睡觉时，常常有家人陪伴，要拍拍、哄哄，或者是睡前一直用奶瓶喝奶才能慢慢入睡。宝宝不太适应这种变化，所以不肯睡觉，或者是"假睡"等待家人的"照顾"。

怕尿床

白天的时候，有些宝宝虽然还不能自己处理大小便事宜，但是他能够告诉爸爸妈妈自己要上洗手间。但是当他睡着以后，难免不小心尿床。有过睡着后尿床经历的宝宝，常常会因为怕尿床被爸爸妈妈批评、嘲笑，而不敢睡觉。

害怕睡觉

一般情况下，3岁以前的宝宝是不会做噩梦的，可是到了3岁以后，宝宝自身也有了一定的想象力，有时候就会做噩梦。所以很多这个时期的宝宝不愿意睡觉是因为害怕做噩梦，所以妈妈在宝宝做噩梦时一定要及时给予安抚。

还有些宝宝经常在没有睡醒的时候被爸爸妈妈突然叫醒，这样的情况对宝宝来说是一种强烈的刺激，有的宝宝不睡觉是因为害怕突然被叫醒，所以爸爸妈妈尽量不要突然叫醒宝宝，如果一定要叫醒，要先轻柔的抚摸宝宝的头、背，等宝宝从熟睡中稍微醒过来一些再叫他，免得让宝宝收到惊吓。

宝宝不睡不睡就不睡，妈妈怎么办 第三章
Di San Zhang

宝宝最常见的
睡眠障碍必须消除

 宝宝失眠，找对原因是关键

　　不是只有成年人会失眠，小宝宝也会有失眠的时候。很多爸爸妈妈都遇到过宝宝失眠的问题，因为不知道是怎么回事，所以也不知道该如何处理。其实，宝宝失眠并不可怕，关键是要找对原因，只要找对了宝宝失眠的原因就能很容易解决这个问题。据专家研究，有大约10%的宝宝存在失眠的问题，这对宝宝的身心健康会有很多不利的影响。那么，都有哪些情况呢？

夜惊

　　夜惊是一种很常见的宝宝失眠的情况，指的是宝宝在睡眠中突然表现出的一种很短暂的惊恐，常见于4～6岁的宝宝。宝宝在夜惊的时候，对爸爸妈妈的轻抚没有反应，过了几秒或者几分钟之后就会迅速入睡。

　　发生夜惊的原因主要与宝宝自身的心理和生活的社会环境有关，如爸爸妈妈当着宝宝的面吵架、被爸爸妈妈严厉的责备、或者是睡前看了恐怖刺激的电视节目等。

　　宝宝夜惊的时候，不要慌张，让它自然结束就好，白天要多给宝宝关心，不要让宝宝受到惊吓也不要在宝宝面前激烈的争吵。

睡眠不宁

宝宝晚上睡眠没有规律，睡不踏实，容易惊醒且醒后难以再入睡，这就是睡眠不宁。

这种睡眠不宁的情况很可能是因为宝宝身体的某个部位不舒服，比如晚饭吃得太饱了，或者宝宝没有吃饱，宝宝口渴了，宝宝热了，或者尿布湿了等等。这种情况就要多观察，宝宝是哪里不舒服。

睡眠环境差

房间中有嘈杂的声音、灯光太刺眼、室内空气潮湿、空气污浊、床不舒适、房间太狭小等都会影响宝宝入睡。

吃错东西影响睡眠

临睡前，如果宝宝食用了兴奋性食品或者饮料，也会影响宝宝进入睡眠状态。另外，宝宝食用了刺激胃的食物也会让宝宝难以入睡。

过度兴奋

一些宝宝很可能白天玩了紧张的游戏，激动的情绪一时难以控制，所以不容易进入睡眠状态。

也有的宝宝是白天活动太少，晚上才会有用不完的精力，也有的宝宝是天生的精力旺盛，这样的宝宝白天应尽量让他多活动。

宝宝睡不好，可能是因为他生病了

频繁翻身

入睡后极度不安，并伴有两颧骨部位及口唇发红、口渴、喜欢冷饮或者大量喝水，有的还有手足发热等症状多半是有内热，爸爸妈妈应尽早带宝宝去医院做进一步治疗。入睡后脸朝下，屁股高抬，并伴有口舌溃疡、烦躁、惊恐不安等症状多半是宝宝患了各种急性热病后余热未净，提示宝宝的病情尚未痊愈，需要继续治疗，以免病情复发入睡后翻来覆去，反复折腾，常伴有口臭气促、腹部胀满、舌苔黄厚、大便干燥等症状这是胃有宿食的缘故，应该谨防宝宝患上胃炎、胃溃疡等胃肠道疾病，应该及早去看医生。

手指或脚趾抽动

宝宝睡醒后手指或者脚趾不断抽动而且伴随肿胀，这时要仔细检查宝宝的手指、脚趾，看看是否被头发或者其他的纤维丝状物缠住，或者是否有蚊虫叮咬的痕迹。总而言之，由于这个时候的宝宝往往不能准确表达自己的一些状况，所以爸爸妈妈除了安排好宝宝充足的睡眠以外，还应当在宝宝睡觉或者啼哭的时候多多观察异常情况，以免延误治疗。

咀嚼

如果宝宝在睡后不断地有咀嚼动作，极有可能是得了蛔虫病，或者是白天进食过多引起的消化不良。这个时候得去医院检查一下，如果排除了蛔虫病的可能，就该注意调整宝宝的饮食了。

四肢抖动

一般来说，如果宝宝白天过于疲劳的话，晚上睡觉时就会出现四肢抖动的情况。但是需要留意的是，当宝宝睡觉时听到较大响声出现抖动是正常的。相反的，若是没有任何反应，而且平时总爱睡觉，那么应该留心宝宝是否是耳部出现问题。

大汗

大多数宝宝在刚入睡或者即将醒来的时候满头大汗都是属于正常的。但是如果环境温度不热，宝宝盖的也不厚，睡熟了以后还是脑后出很多汗，而且还有其他不适的表现，爸爸妈妈就需要多加留意，注意照顾，必要的时候得去医院检查、治疗。如果宝宝伴有夜惊、方颅、出牙晚、囟门关闭过迟等症状，也有可能患有佝偻病。

睡眠时哭闹摇头、用手抓耳

睡眠时哭闹不停，时常摇头、用手抓耳、有时还伴有发热现象。可能是宝宝患上外耳道炎、湿疹，或是中耳炎，应尽快带宝宝去看耳科宝宝睡眠时出现四肢抖动现象宝宝是否过于疲劳或精神受过强烈刺激。如果没有，那么要引起注意了，宝宝有可能存在睡眠障碍或者神经系统的病变.

小贴士

宝宝入睡后用手去搔抓屁股可能是蛲虫病的表现，如果宝宝的肛门周围可见到白线头样的小虫爬动，即可确诊，应带宝宝到医院就诊，进行医治。

宝宝夜啼的原因、症状、疗法

宝宝夜啼原因症状疗法

宝宝睡眠不好，伴有体弱多病、面色青白、四肢发凉、食欲不佳、哭声低微、哭时无泪、大便时干时稀、小便清长、唇舌淡红、舌苔薄白、指纹淡红等，可判断为脾胃虚寒导致的睡眠障碍，可在医生的指导下用补益脾肾、温脾散寒的药物进行治疗。

宝宝入睡后惊动易醒、醒后啼哭不止，或夜间突然啼哭，似见异物状，精神不安、睡中时作惊悸、面色青灰、舌苔多无变化、指纹青紫等，可判断为惊骇所致，可在医生的指导下用镇惊安神为主的方法进行治疗。

另外，有些常见疾病，如在感冒及各种急性传染性疾病期间，宝宝都会在睡后哭闹。此外，宝宝鼻塞、腹部有蛔虫等，也常常会因难受而在睡中哭闹。总之，造成宝宝不能安睡的病因有很多，爸爸妈妈应该细心观察一下，如果怀疑是疾病所致，就要带宝宝到医院检查一下，只要找到了原因，及时加以治疗，宝宝一定会甜蜜地进入梦乡。

宝宝睡觉不踏实的原因和对策

宝宝体内常常缺一些微量元素，如钙、锌等，缺钙易引起大脑及自主神经兴奋性导致宝宝晚上睡不安稳，这时就需要补充钙和维生素D；如果缺锌，则要注意补锌，可在医生的指导下服用一些补锌产品。

·鼻屎堵塞鼻孔

如果有鼻屎堵塞宝宝的鼻孔，引起宝宝的呼吸不畅快，也容易引起睡眠不安稳，所以爸爸妈妈要注意这方面的因素，当宝宝睡不安稳时，检查一下宝宝的鼻孔，帮宝宝清理一下，相信他马上就会睡得很安稳的。

·被子或睡姿不舒服

被子或者睡觉姿势不舒服也会导致宝宝睡眠不踏实，当发现宝宝睡不着时，要注意检查宝宝的被子和睡姿，相信调整舒适后，宝宝会很快入睡的。

·夜尿

宝宝由于夜里想尿就会醒来，所以应该给宝宝使用尿不湿，这样不至于因为把尿影响宝宝睡觉。如果有用尿不湿的话，一定不要把尿不湿包得太紧。

·夜间哺乳

另外，很多妈妈看到宝宝晚上哭醒会以为宝宝饿了，然后就给宝宝哺乳，其实这是一个很不好的习惯，这样做反而会养成宝宝有晚上睡醒了要吃奶的习惯。如果晚上一定要哺乳的话，需要要注意：应尽量保持安静的环境。

·肛门外有蛲虫

要知道，肛门外有蛲虫也会影响宝宝的睡眠。如果有，要求助于医生积极治疗。

·依赖爸爸妈妈

有些宝宝非常依恋爸爸妈妈，自我保护意识很强，晚上睡眠醒得频繁，睡得轻，有时在刚睡着后不久或清晨会翻身坐起来，看不到爸爸妈妈就哭，爸爸妈妈一般抱起来哄哄拍拍，不到1分钟放到床上就能接着睡。

发现宝宝有睡意时，要及时把他放到婴儿床里。最好是让宝宝自己入睡，如果你每次都抱着或摇着他入睡。那么每当晚上醒来时，他就会让你抱起来或摇着他才能入睡。

白天一定要有一定长的时间和宝宝亲密地玩，让宝宝意识到爸爸妈妈很爱她，会给他充足的关爱。尤其是可以和宝宝玩玩捉迷藏的游戏，让他们意识到即使他看不到爸爸妈妈，爸爸妈妈也是爱他的。

·夜间惊醒

如果宝宝没有其他不适的原因，夜里常醒的原因很大一部分是习惯了，如果他每次醒来你都立刻抱他或给他喂东西的话，就会形成恶性循环。建议宝宝夜里醒来时（应该都是迷迷糊糊的），不要立刻抱他，更不要逗他，应该立刻拍拍他，安抚着想办法让他睡去。

第三章
Di San Zhang

如何让宝宝养成
良好的睡眠习惯

 观察宝宝的疲倦征兆，确定最适合的作息时间

宝宝不愿睡觉的调节方法

宝宝晚上不睡觉，但也没有其他不适的症状，这是怎么回事？其实人类昼出夜寝的习惯是在长期的生活中形成的，是一种普遍的生活习惯。宝宝夜间老是醒，在排除了由于睡眠环境不好、缺钙及身体不适等因素引起的外，一般都和宝宝的神经系统发育不完善有关，如果你有意识地培养自己白天睡觉的习惯，那么，到了晚上就不会发困。宝宝也不例外，如果睡眠足够，无论在什么时候醒来，都显得很精神。当然如果在夜间醒来，就会扰得爸爸妈妈不得安宁。

睡眠既然是生活习惯，就有相应的方法调节，这需要妈妈有意识地训练自己的宝宝，养成良好的睡眠习惯。白天让宝宝尽量少睡，在夜间除了哺乳，换1～2次尿布以外，不要打扰宝宝。在后半夜，如果宝宝睡得很香也不哭闹，可以不哺乳。随着宝宝的月龄增长，逐渐过渡到夜间可以不换尿布、不哺乳。

稳定宝宝的情绪

　　宝宝会因为担心妈妈不在身边感到不安而哭泣，情绪不稳。这时候，妈妈要尽量地陪伴在他身边，让他感觉到踏实安稳。对于夜间哭闹的宝宝，妈妈可以轻轻地拍拍宝宝，他就可以继续睡觉了。营造夜间安静的氛围，明亮和嘈杂的环境不利于宝宝的熟睡。每当到宝宝睡眠的时候，就要把灯光关掉，使房间变暗，保持足够安静。另外，当宝宝睡觉的时候，给他换上睡衣，作为提醒宝宝接下来要睡觉的信号。

为宝宝打造一个舒适的睡眠环境

　　睡眠时间的长短与质量的好坏，直接影响到宝宝的身体发育和心智发展。良好的睡眠，可以促进宝宝的生理发育，增强宝宝的智力和体力。让宝宝睡个安稳觉是至关重要的，但是妈妈没有为宝宝打造一个舒适的睡觉环境，宝宝怎么可能会熟睡呢！关于宝宝睡眠环境的创设，这里建议妈妈参考专家的建议，如果妈妈真的能做到，相信宝宝的不良睡眠问题一定可以解决。

要有良好的卧室环境

　　卧室最好朝南，阳光要充足，空气要流通，环境要干燥整洁，温度要适宜。冬天最理想的室温是16℃～18℃，一般能达到15℃就可以了。此外，在宝宝睡前半小时，最好能开窗换气，以保持室内空气新鲜。开窗睡时不要让风直接吹在宝宝身上，以免受凉。

营造睡觉的气氛

如果在宝宝睡觉的时候，爸爸妈妈还在看电视，或者屋里亮着灯，或者周围环境吵闹，那么宝宝就无法安稳入睡。为了让宝宝按时睡觉，应该为宝宝提供安静的睡眠环境。

点一盏微弱的灯

宝宝在二周岁时，开始拥有一定的想象力，同时也开始害怕黑暗。在这个时期，应该照顾宝宝的情绪，不能关闭屋内全部的电灯，最好给宝宝点一盏小灯。

当宝宝睡醒时，不应该马上做出反应，最好等上一段时间，同时观察宝宝的状态。即使宝宝哭闹，只要不予理会，宝宝就会继续睡觉。

夏季要预防痱子和蚊虫叮咬

夏天宝宝易出痱子，洗澡时可用中性肥皂和浴液，进行清洁，清除泡沫后要换水将皮肤彻底冲净。另外，预防蚊子或其他虫咬，家中应装上纱窗。并给宝宝准备蚊帐，最好少用蚊香和各种喷雾剂。如果非要使用，可以在中午家中无人时将门窗关好喷洒，经过数小时可将留在屋子里的蚊子杀死，当宝宝回来时气体也早已散发，或者让宝宝在门外等候，爸爸妈妈先将窗户打开，放放空气，宝宝再进来。宝宝吃过甜食之后应尽快将手、脸、颈部及衣服上残留的食物碎渣洗净。否则虫子和蜜蜂都会被甜食吸引而来叮咬宝宝。

冬季睡眠护理

不要将室内弄得太温暖，也不要让空气过于干燥，可以使用加湿器。冬季也要让宝宝多运动，偶尔流汗可以加快新陈代谢。被子不要太厚，宝宝盖的被子往往只有妈妈被子厚度的1/3～1/2。睡觉时穿内衣及一件睡衣即可，即使夜间伸出手来也没有关系。也可以盖上毛巾被。为了防止从足部散失热量，可以在脚底盖上一件薄的毛毯。宝宝小的时候也可以用小毛巾等物品将脚包裹起来，但是这样宝宝会感觉不舒服，所以最好仅限在睡前使用。

一张适合宝宝的床

宝宝的骨骼很软，可塑性大，躺在软床上，会增加脊柱的生理性弯曲度，使脊柱两旁的韧带和关节负担过重，时间久了，不仅容易造成腰部疼痛，还容易形成驼背或侧凸畸形。太硬的床当然也不好，不利于宝宝全身肌肉的放松与休息，容易疲劳。一般在硬板床上铺两层小褥子，对于宝宝来说软硬正好合适。

 ## 睡前饮食要清淡

让宝宝安眠，饮食要注意，不要给宝宝吃容易引起胀气的食物，如牛奶、豆类等，因为这些食物易让宝宝胀气，导致宝宝睡眠不良。另外，睡前不要吃得太多，吃太多也会影响睡眠。晚饭后至少要过一两个小时才能去睡。睡前也不要给他玩新的或有趣的玩具，更不要从他手中夺下玩具或做其他容易引起强烈反应的事，以免影响入睡。在睡前，爸爸妈妈可用单调的声音给宝宝讲一个平淡而短小的故事。若在一段时间内，每晚都重复讲述，对宝宝可有催眠的作用。

 ## 培养宝宝正确的睡眠姿势，消除睡眠障碍

一般来说，宝宝以右侧卧睡姿较好，这样能使内脏处于自然位置，能使呼吸通畅，并使胃中食物顺利向肠道输送，还可使全身肌肉放松，利于消除疲劳和生长发育。但在较长时间的睡眠中，睡姿应有适当的变换。因为宝宝比较娇嫩，特别是颅骨尚未定型，所以枕头要松软，床垫也要软硬适度。

磨牙

宝宝在开始长牙时，由于牙龈痒痛，经常会磨牙解决。另外，当宝宝白天遇到不开心的事情，或者无法靠自己的能力解决情绪问题时，都容易导致磨牙的现象。如果是因为心理原因导致磨牙，就应该寻找让宝宝产生心理压力的根源及时地解决心理问题。例如，经常跟宝宝说话、抚摸宝宝，或者像朋友一样跟宝宝一起玩游戏，充分表达对宝宝的爱。如果磨牙现象过于严重，就会影响恒齿的生长，此时应该到医院接受治疗。

打呼噜

一般来说，白天过于疲劳，或者呼吸系统有发炎症状，或者睡眠的姿势不对，宝宝就会打呼噜。如果宝宝过于肥胖，或者扁桃腺过大，那么打呼噜的状况会一直持续。只要过一段时间，或者感冒痊愈，宝宝偶尔打呼噜的现象就会消失。在这种情况下，应该适当地限制宝宝的活动，保证充足的休息时间。晚上睡觉时，还应该用加湿器保持室内的湿度。如果宝宝由于肥胖而打呼噜，就应该尽快减轻体重。另外，打呼噜也有可能是由其他原因引起的，因此最好带宝宝到耳鼻喉科接受检查。如果是由于扁桃腺肥大而打呼，就可以进行扁桃腺切除手术。

一个温水澡，一个好故事，
一段轻松的音乐为宝宝"造"好梦

睡前沐浴有利于睡眠，一般在睡前1小时洗澡。洗澡的时间不要拖得太晚，甚至到深夜。规定好每天洗澡的时间，大约在睡前的1个小时即可。由于洗澡后的体温升高不利于入眠，所以洗的时间不宜过长，水温在38℃～40℃即可。当宝宝不能入睡的时候，可以给宝宝听有节奏感的音乐，或者讲童话故事。妈妈可以唱出世上最优美的摇篮曲。刚开始，尽量用愉快的声音唱歌，当宝宝入睡时，应该放慢唱歌的速度。唱歌时，应该尽量降低音量。拍着宝宝入睡时，一开始应该用快节奏的节拍，然后逐渐转变为柔和、缓慢的节拍。听到抒情的音乐或童话故事，宝宝会很容易稳定情绪。

重要的是让宝宝学着感知
白天和黑夜的不同

总的说来，睡眠不规律是宝宝的普遍特征。但如果宝宝睡到早上室内还是保持较暗的光线，是不利于宝宝调整作息规律的。从还不能辨别黑夜白天的低月龄起，就让宝宝感受早上拉开窗帘的明亮和夜间关灯的黑暗，逐渐地建立起生活作息规律。

分阶段培养睡觉的习惯

新手爸妈们对宝宝宠爱有加，但却缺乏一些必备的育儿知识，对宝宝的睡眠状况不甚了解，不知道如何安抚宝宝，如何知晓宝宝的睡眠深浅度，只知道一有状况就抱，这样反而会导致宝宝养成抱睡的不良习惯。下面就为新手爸妈们介绍一些培养宝宝睡眠习惯的相关知识。

6～12个月：要想晚上熟睡白天就应该尽量活动

在这个时期，必须培养宝宝夜间熟睡的习惯。白天的活动量过少、夜间饥饿、午觉时间过长、生活节奏不规律都会让宝宝无法熟睡。所以为了让宝宝安稳

地睡觉，白天应该多运动，尽量让宝宝感到疲倦。在日常生活中，应该给宝宝穿较薄的衣服，而且适当地调节室内温度。为了避免室内空气过于混浊，应该经常换气，并适当地调节湿度。不仅如此，爸爸妈妈不能猛烈地关闭房门，也不能大声喧哗，更不能用闪烁的电视画面刺激宝宝的神经。

13～18个月：培养有规律的午觉习惯

在这个时期，大部分宝宝每天平均会睡上12～14个小时，其中包括1～2小时的午觉。每个宝宝睡午觉的时间各不相同，有些宝宝在上午和下午分别睡一次，而有些宝宝只在午餐前后睡一次，还有些宝宝干脆不睡午觉。

但在这个时期，不能从早到晚都让宝宝活动。宝宝满4周岁之前，每天最好适当地睡午觉。但午觉时间不能过长，而且下午4点之前一定要让宝宝从午睡中醒来，否则晚上就很难入睡，而且不能熟睡。睡午觉时间最好不要超过2小时。

19～24个月：在指定的时间内入睡

在这个时期，宝宝已经习惯了爸爸妈妈的生活节奏，因此全家人都应该为宝宝营造出能够按时睡觉的环境。即使想看电视，也应该尽量克制，而且爸爸也应该早点回家，帮助妈妈照顾宝宝。另外，必须让宝宝形成"睡前意识"。在睡觉之前，必须换睡衣、刷牙、和家人道一声"晚安"。只要宝宝有了正确的睡前意识，那么很快就会养成独自睡觉的习惯。

36个月以后：独自睡觉的最佳时期

在这个时期，虽然宝宝能够独自睡觉了，但也不能强迫宝宝，而应该根据宝宝的状态，慢慢地培养宝宝独自睡觉的习惯。在这个时期，大部分宝宝都害怕黑暗，因此不愿意独自在自己的小房间内。在这种情况下，妈妈应该陪在宝宝身边，尽量稳定宝宝的情绪。不要强迫宝宝独自睡觉，或者批评宝宝太胆小，这样就容易伤害宝宝的心，影响宝宝的独立性。

合理安排宝宝午睡

宝宝到底要不要睡午觉呢？这是很多爸爸妈妈爱问的问题，要知道这个问题的答案是有选择的。首先确保宝宝睡眠充足，其次保证宝宝有好的生活规律。做到这两点后，你再和宝宝一起决定是不是要午睡。专家的观点是不强迫宝宝午睡，让他自己决定，宝宝不想午睡，如果强迫宝宝，不如让他做些自己喜欢的事，至少能保持他心情舒畅。另外，不午睡的宝宝，要确保在其他时间得到充足的睡眠。虽然我们不强迫宝宝午睡，但是要保证宝宝夜晚的睡眠时间充足。因为睡眠对宝宝很重要，尤其是3岁以内大脑尚未发育成熟的小宝宝，睡眠对大脑的发育是有非常大的影响。所以高质量的有规律的睡眠非常重要。另外，在给宝宝安排午睡时，还要注意建立好的生活规律。不要因为午睡耽误了宝宝正常饮食和活动。

白天睡眠不要太多，要在某种程度上规定白天的睡眠时间。虽然宝宝在白天睡眠的时候也要尽量营造同夜间相似的舒适氛围，但却不需要营造同夜间一样的阴暗环境。正常的家务发出的声响也不用特别注意。要注意不能让宝宝在白天的睡眠时间太长，以免影响到夜间的睡眠。某种程度上说，就是要在规定好的时间唤醒宝宝。

第三章
Di San Zhang

给宝宝按摩抚触，
让宝宝感受到关爱

 多摸摸好舒服

通过身体的接触进行交流

抚触为宝宝和妈妈提供了一个很好的相处机会，宝宝抚触与按摩也是表达感情的奇妙方法。如果宝宝喜欢妈妈接触他的身体、抚摸他的皮肤，那么妈妈的这种爱意宝宝就会很快理解，并报以感谢和微笑，享受与妈妈相处的美好时刻。

抚触，心灵的交流

抚触不仅是身体的接触，更是妈妈与宝宝之间沟通的一座桥梁，是它传递着爱和关怀。科研人员发现，性格发展的主要因素是取决于人生前三年的经历，得到爱护和照顾的宝宝，长大后拥有自信和乐观等积极性格的可能性可能会大一些。

有助于宝宝身体健康发育

调查证明，抽取400例阿氏评分大于7分、正常足月，42天内母乳喂养的新生儿作为研究对象，随机分为抚触组和对照组，每次10～20分钟，每天抚触3次，并记录体重、24小时摄入奶量，结果发现，经过抚触的宝宝与按摩的宝宝体重比对照组体重增加5%，并且睡眠节律好，反应灵敏。

一出生就必须依赖成人照顾的宝宝，主要的互动对象就是爸爸妈妈，而宝宝日后和其他人互动的模式更会受这个互动关系的影响，经常抚触宝宝不仅有利于宝宝的身心健康，也会增加宝宝的幸福感和满足感，还能减少夜晚对爸爸妈妈的依赖。对宝宝未来良好的人际关系以及社会行为的发展也非常重要。

给宝宝按摩的方法

面颊

1.在宝宝前额的眉间上方，用双手拇指指腹从额头向外轻柔平推至太阳穴。

2.从宝宝下巴处，沿着脸的轮廓用拇指往外推压，至耳垂处停止。妈妈边抚触边念：真可爱的小脸蛋，妈妈摸摸更好看。

手臂

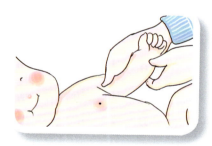

1.从上臂到手腕，反复3～4次轻轻挤捏宝宝的手臂。妈妈边抚触边说：宝宝长大有力气，妈妈搓搓小手臂。

2.把宝宝掌心向上，两臂左右分开。妈妈边抚触边说：伸伸小胳膊，宝宝灵巧又活泼。

手部

1.抚触宝宝的手腕用手指画小圈。用拇指抚触宝宝的手掌使他的小手张开。

2.让宝宝抓住拇指，宝宝的手背用其他四根手指抚触。

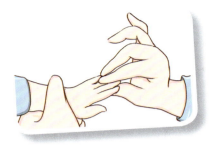

3.一只手的拇指和示指轻轻捏住宝宝的手指，另一只手托住宝宝的手，从小指开始依次转动、拉伸每个手指。妈妈边抚触边说：动一动、握一握，宝宝小手真灵活。

扯摸耳垂

轻轻按压耳朵，从最上面用拇指和示指按到耳垂处，反复向下轻轻拉扯，然后再不断揉捏。妈妈边抚触边说：拉一拉小耳朵，妈妈说话宝宝乐。

背部

1.双手拇指平放在宝宝脊椎两侧，拇指指腹分别由中央向两侧轻轻抚摸，扶住宝宝身体，其他手指并在一起从肩部移至尾椎，反复3～4次。

2.五指并拢，掌根到手指成为一个整体，横放在宝宝背部，力度均匀地交替从宝宝脖颈抚至臀部，手背稍微拱起，反复3～4次。妈妈边抚触边说：宝宝背直不怕累，妈妈给你拍拍背。

胸部

双手放在宝宝的两侧肋缘，先是左手向上滑到宝宝左肩，复原。换右手向上滑向宝宝右肩，复原。重复3～4次。妈妈边抚触边说：摸摸胸口真勇敢，宝宝长大最能干。

腹部

顺时针方向放平手掌，按画圆的方式抚摩宝宝的腹部。不能离肚脐太近，注意动作要特别轻柔。妈妈边抚触边说：小肚皮软绵绵，宝宝笑得甜又甜。

腿部

1.用拇指、示指和中指轻轻揉捏宝宝大腿的肌肉，从膝盖处一直抚触到尾椎下端。

2.用一只手拇指朝外握住宝宝小腿，另一只手握住宝宝的脚后跟，沿膝盖向下捏压，滑动至脚踝。妈妈边抚触边说：爸爸妈妈乐陶陶，宝宝会跳又会跑。

脚掌

一只手四指聚拢在宝宝的脚背，另一只手托住宝宝的脚后跟，从脚尖抚摸到脚跟用拇指指腹轻揉脚底，反复3～4次。妈妈边抚触边说：宝宝健康身体好，妈妈给你揉揉脚。

宝宝不睡不睡就不睡，妈妈怎么办

第三章
Di San Zhang

宝宝不肯睡，
千万别这样

 摇晃

当宝宝哭闹不止或睡眠不安时，将宝宝抱在怀中或放入摇篮里摇晃，是年轻妈妈的首选之举。宝宝哭得越凶，妈妈摇晃得就越猛烈。如果长期过度摇晃，可能使宝宝（尤其是10个月以内的小宝宝）的大脑在颅骨腔内不断晃荡，未发育成熟的脑组织会与较硬的颅骨相撞，导致脑震荡、脑水肿，甚至颅内出血等。医生建议：不要以摇晃来哄宝宝，宝宝哭的时候只要抱着他，让他觉得安全就好了，给宝宝买的摇摇床，也尽量不要长时间使用。

搂睡

如果爸爸妈妈感染了疾病，搂着宝宝睡觉时，面对面呼吸，很容易将病菌传给宝宝。而且，搂着宝宝睡，使宝宝难以呼吸到新鲜空气，容易生病。如果妈妈睡得过熟，把宝宝压到身下，或是不小心堵塞了宝宝的鼻孔，更可能造成窒息等严重后果。医生建议：如果实在担心宝宝，可以跟宝宝同睡，但是要"保持距离"，切忌紧紧地抱着宝宝。可能的话，最好跟宝宝分开睡，做好安全措施，宝宝就不会跌下床或磕碰到。如果担心宝宝因黑夜而害怕，不妨在床头安装一盏柔和的灯，给宝宝一点光亮。

睡前哺乳

在宝宝睡前哺乳，很容易造成宝宝乳牙龋齿。这是因为，唾液在睡眠时的分泌量减少，对口腔清洗的功能减弱，加上奶水长时间在口腔内发酵，很容易破坏宝宝乳齿的结构。此外，睡前给宝宝哺乳还可能造成宝宝呛咳，因为宝宝在意识不清时吃奶，口咽肌肉的协助性不足，不能有效保护气管口。医生建议：要避免龋齿的发生，可在吸完奶水后再给宝宝吸两口温开水，稍微清洗口腔内的余奶。而要避免呛咳的危险，喂奶的速度一定要控制得恰当适宜，千万不要过于急躁。此外，宝宝哭泣或是呼吸急促、气喘时进食也容易被呛，所以也要避免宝宝边哭边吃奶。

不要粗暴的吓唬宝宝

宝宝上床后，晚上要关上灯，宝宝入睡后，爸爸妈妈不必蹑手蹑脚，但也不要突然发出大的声响，如"砰"的关门声或金属器皿掉在地上的声音。要培养宝宝上床后不说话、不拍不摇、不搂、很快入睡、醒来后不哭闹的习惯。并且不要安抚性地给宝宝含奶头、咬被角、吮手指，让他靠自己的力量调节自己的入睡状态。更不要用粗暴强制、吓唬的办法让宝宝入睡。有些爸爸妈妈为了让宝宝睡觉或让他做某件事，常常采取吓唬的办法，比如说"再不听话不要你了"，"坏蛋来抓你了"，"狼来吃你了"等，或者讲一些妖魔鬼怪的故事吓宝宝，让宝宝听爸爸妈妈的话。宝宝幼小的心灵接受不了强烈的恐怖和刺激，经常吓唬宝宝会使他产生恐惧心理，从而影响宝宝身心的健康发展。如果小宝宝不按时睡觉，妈妈可以耐心地引导他，给他创造一种轻松愉快的氛围，让宝宝养成按时睡眠的好习惯。

第三章
Di San Zhang

适当的时间
该让宝宝独睡了

 ## 独立睡眠的必要性

有利于健康

与爸爸妈妈睡在一起不利于宝宝的健康发育，因为在这种睡眠的小环境中，充满了爸爸妈妈呼出的二氧化碳，可使宝宝整夜处于缺氧状态，从而出现睡眠不安、做噩梦、惊哭惊叫等状况，影响睡眠质量。而且爸爸妈妈呼出的气体交融在一起，使空气污染浑浊，增加宝宝遭受感染的机会。

影响睡眠质量

宝宝与爸爸妈妈常常会因为翻身而互相影响睡眠，尤其是宝宝睡熟后可能会横七竖八地胡乱翻动，势必影响爸爸妈妈的休息。

锻炼宝宝的独立性

让宝宝单独睡觉可以锻炼独立性，培养大胆、勇敢的意志品格，减少对爸爸妈妈的依恋。

有利于宝宝性别意识的培养

宝宝已经开始注意男女之间的差异，而且他也表现出了对爸爸妈妈依恋倾向和崇拜倾向的差异。如果此时不分床，很有可能会助长宝宝的恋父情结或恋母情结，不利于其心理的健康发育。

宝宝不肯独立睡眠的原因

过分依恋

宝宝希望随时能看到爸爸妈妈，爸爸妈妈不离左右，宝宝心里就会踏实，在他们的潜意识里，安全就等于爸爸妈妈在身边，睡觉的时候更是如此，比如有些吃母乳的宝宝甚至熟睡中会下意识地摸摸妈妈的乳头，一旦找不到就突然惊醒，依偎在爸爸妈妈身边甜甜入睡已成为一种较固定的知觉模式。

恐惧心理

这是宝宝成长发育中普遍存在的一种体验，如害怕妖怪、噩梦等。让宝宝单独睡到暗暗卧房的时候，他可能会想起看过的电视里的恐怖画面、书里的可怕故事，再加上身处黑黑的房间，将黑暗中朦朦胧胧看到的东西假想成自己担心遇到的事物，更加深了对黑暗的恐惧，不敢自己睡。

空间狭小

习惯了大床的宽敞，突然置身于筑起高高栏杆的小床，空间范围小了，不能充分自由地在床上翻滚了，这也是喜欢随心所欲的宝宝不愿意单独睡的一个原因。

下面是医生推荐一些帮助宝宝独立入睡的方法，爸爸妈妈可根据宝宝的具体情况参考：

1	将宝宝的小床和大床紧挨放在一个房间，或者让宝宝睡同一个床盖不同的被子
2	白天睡觉的时候可以让他睡小床，这样慢慢习惯下来他就不会这么拒绝睡小床和分房间睡了
3	给他放他喜欢的录音带（音乐或故事都行）或者自己给他讲故事、唱歌来陪他入睡，亲亲他的额头，使他感到爸爸妈妈的爱，等他睡着了再离开
4	等到分开房间之后要告诉他灯的开关在哪里，或者在屋里开盏小灯，使房间里不致太黑或者睡觉前找个宝宝喜欢的玩具陪着他来代替爸爸妈妈
5	平时有一段独处的时间，节假日让他一个人在爷爷奶奶或外公外婆家里住上几天，有意识地培养宝宝的独立精神
6	委婉而平静地告诉宝宝："很多像你这么大的宝宝都会害怕。""妈妈小时候也害怕过，后来不怕了。"让宝宝明白，不是只有他一个人才会害怕的。允许宝宝将他的恐惧流露出来，并给予开导，使宝宝懂得恐惧是会消失的
7	如果哪天宝宝有特殊原因，如生病、受委屈等要求与爸爸妈妈同睡，千万别拒绝，让他感到在他需要时爸爸妈妈随时在他身边

第四章
Di Si Zhang

宝宝爱生病,
妈妈要细心

宝宝爱生病，妈妈要细心

第四章
Di Si Zhang

妈妈知道吗，
便便也有秘密

 不同颜色的便便能传达不一样的宝宝身体信号

粪便的颜色与平时相比如有异常很可能是患有疾病，给宝宝换尿布时应注意观察粪便状态，多留心宝宝的身体状况。

对于红色粪便、黑色粪便和白色粪便妈妈要注意

当有红色粪便出现时要特别注意。如果是番茄、西瓜等红色食物直接从粪便中排出，无须担心。

但是如果出现鲜红色粪便，其中混有大量血液时很可能是消化道出血，应立即前往医院接受治疗。如果粪便中隐约混有少量血也可能是肛裂出血所致，最好也去医院确诊病因。

当有红黑色焦油状粪便出现时，可能也是因出血所致。胃、十二指肠等上部的消化道如果出血，到粪便排出时血液被氧化形成红黑色，这种情况应该前往医院就诊。

有白色粪便出现时可能是胆道闭锁症等先天性疾病引起的。

另外，如果是持续呕吐开始腹泻，粪便呈白色水状物，则可能是感染了人类轮状病毒的急性肠胃炎。这很容易引起脱水症状，应立刻前往医院治疗。

健康的粪便也会有变化

虽然有个体差异，但是宝宝正常粪便的颜色一般呈黄褐色。

也有的宝宝粪便呈绿色，这是由于粪便中含有的物质在肠内氧化所致。不是异常现象，所以无须过度担心。

另外，辅食添加期间，有时宝宝的粪便中会直接排出此种食物，这是没有充分消化引起的，只要不是腹泻，则不属于疾病。

粪便颜色异常时，可能患的疾病

【粪便颜色】	【症状】	【疾病】
粪便呈红色	每隔10～15分钟剧烈哭泣，有果酱样粪便排出	肠套叠
	排便时有痛感且粪便中有鲜血	肛裂
	出现血便并伴有呕吐症状	食物中毒
粪便呈红黑色	粪便呈红黑色	新生儿消化道出血
	出生后7日内便血并伴有吐血症状	新生儿便血症
粪便呈白色	黄疸持续时间长，开始排灰白色粪便	胆道闭锁症
	持续呕吐、腹泻并排泄白色水状粪便	轮状病毒肠炎

授乳期宝宝的粪便

·新生儿

开始喝母乳后，会排出湿湿的黄色稀便。这种情况会持续一段时间。

只要喝奶粉就排便，混着白色颗粒的黄色便。水分多，会渗入尿布。

清黄色便，混着白粒，水分较多，呈稀便。

·1个月婴儿

喝奶时排便的情况增多，便的颜色接近橙色，有时还混着颗粒。

平时排稍稀的便，偶尔还会排硬便。半夜授乳后也会排便。

时有便秘发生，每3～4天排1次便。深土黄色，混着绿色或白色颗粒。

 妈妈稍微不注意宝宝就便秘了

不仅要看排便次数，还要注意排便时宝宝的状态

宝宝排便的次数是有个体差别的，健康的宝宝有的可能一天内排便几次，也有的可能2～3天才排便一次。只要宝宝没有出现腹部胀大，排便时也不感觉疼痛就无须担心。

如果因为便秘造成宝宝没精神、食欲不佳，可以通过按摩来促进排便。同时检查一下给宝宝喂的牛奶或者换乳期食物是否足量，另外，多给宝宝准备一些含食物纤维比较丰富的食物。

护理要点

·体重减轻可能是营养不良

宝宝便秘的一个原因就是由于喂母乳或牛奶的量不足。如果宝宝出现排便次数减少、体重减轻的状况时需要到医院就医。

·给宝宝做"圆"形按摩

为了促进宝宝正常的胃肠蠕动，可以用手掌以肚脐为中心，用力向下按压宝宝的肚脐，顺时针方向画"圆"形，以帮助宝宝消化食物。

·宝宝无法排便时可采用棉棒润肠

宝宝便秘时，可以轻轻按压肛门，如果还是无法排便，可以用棉棒蘸取宝宝油伸入肛门1厘米左右，慢慢旋转约10秒钟之后抽出棉棒。

·多给宝宝吃富含纤维的蔬菜、海藻等食物

宝宝便秘的时候，需要多吃一些含纤维比较丰富的食物或者喝些橙汁类饮品。这时要避免吃胡萝卜等不利排便的食物。

如果一个劲地给宝宝吃容易消化的食物，很容易造成宝宝便秘。食物要尽量多样化，多给宝宝吃些富含食物纤维的蔬菜、海藻类食品。

有此种症状时可能患的疾病

1	纤维不足造成的便秘
2	水分不足造成的便秘
3	母乳不足造成的便秘
4	先天性肥厚性幽门狭窄
5	肛裂

小贴士

宝宝在喝过大量橙汁，吃过胡萝卜、南瓜等叶红素含量较高的食物后，脸、手、脚可能会变黄，医学上称为"胡萝卜素血症"一般对宝宝没有什么伤害，只要停用上述食物1～2个月，症状就会消失，以后只要注意合理饮食不要偏食即可。

便秘期间妈妈该给宝宝吃这些

食物纤维或发酵食品可以促进肠功能。开始吃辅食后，会出现便秘症状，主要是因为水分不足或辅食让肠内细菌的状态变化食物纤维不足而引起。食物纤维不会被消化，在肠中含有水分可将粪便软化，增加粪便容积，并促进肠机能。优格含有丰富的乳酸菌，有助于肠道内益生菌的生长。

生活规律也很重要。让宝宝每天在固定时间吃辅食。尽情地玩，好好地吃饭，可以增加胃肠蠕动，有助于排便。

推荐食谱 菠菜梨稀粥

材料： 泡好的大米、菠菜、梨各10克，水70毫升。

做法： 1.泡好的大米里加水煮成粥。
2.把菠菜氽烫一下，磨碎；梨子去皮去籽磨成泥。
3.粥里放入菠菜、梨，煮好后用筛子筛一下。

推荐食谱 地瓜苹果泥

材料： 地瓜70克，苹果50克，水1/2杯。

做法： 1.挑选圆润的地瓜去皮，蒸熟，剁碎。
2.苹果去皮和果籽，磨成泥。
3.在锅里放地瓜和水熬煮，煮到八分熟后。再放入苹果搅匀。

腹泻，是"敌人"在宝宝肚子里

粪便松软和腹泻是不同的

有的宝宝平时的粪便就比较松软，而在辅食添加期间开始吃的新食物中，如果含水分比较多，就很容易使粪便更加松软。这和我们所说的腹泻完全是两回事，无须担心。

但是如果宝宝的粪便中混有血或者黏液、闻起来有酸味或者恶臭，或者粪便呈淘米水样、有剧烈腹泻呕吐等现象且宝宝的体重不增加时，很可能是患有某种疾病，应该立即就诊。

预防脱水和臀部长斑疹

宝宝腹泻时护理的重点，要放在预防发生脱水和保持臀部的清洁上。

腹泻会造成体内的大量水分同粪便一起排出，这时一定要给宝宝及时补充水分。另外还要勤给宝宝换尿布，防止尿布疹的发生。经常用淋浴喷头或水盆给宝宝冲洗臀部保持臀部的清洁。

护理要点

·补充水分最为关键

腹泻可以导致身体内的水分不断地流失，很容易引起脱水症状，这时候一定要给宝宝及时补充口服补液盐或别的米汤盐，以免脱水。

·勤给宝宝换尿布

宝宝持续腹泻时，屁股常常会变红溃烂，这时候一定要经常检查宝宝的尿布，发现脏了应立刻换上新的尿布，尽量缩短粪便与皮肤的接触时间。

·不能给宝宝喝过于寒凉的东西，最好是室温饮料

太凉的饮品容易刺激胃肠道从而加重腹泻，因此爸爸妈妈应该尽量避免给宝宝喝刚从冰箱里拿出来的饮品，最好选择和室温相近的比较温和的饮品。

·母乳、牛奶可像往常一样喂食

母乳和牛奶可以正常给宝宝喝，但是如果宝宝出现不太想进食的情况时，可以暂时先停一小段时间，然后再用多次、少量的方法喂给宝宝。

·不能随意地判断而把牛奶冲淡

宝宝在出现腹泻的情况下，给宝宝喂的牛奶基本还是要按照平时的浓度，而不能仅凭妈妈的判断，随意改变牛奶的浓度。如果有其他疑问可以咨询相关医护人员。

·宝宝食欲好时，也要选择容易消化的食物

辅食添加初期要避免给宝宝吃脂肪含量比较高的肉类食品，可以选择如粥、煮烂的乌冬面、菜粥等淀粉含量较高的食物，并且要多次少量喂食。

·换新尿布之前，一定要擦干宝宝的小屁股

如果宝宝的小屁股还是潮湿的时候，就换上新尿布，臀部潮湿很容易引起发炎，所以一定要用软毛巾、纱布把水分吸收干净，或者用吹风机的暖风吹干宝宝的小屁股。

·清洗臀部最好用流水冲洗

用毛巾擦拭很容易擦破宝宝的屁股造成发炎，所以最好利用浴缸或者淋浴水冲洗。清洗时特别要注意仔细洗净肛门周围、大腿内侧的皮肤褶皱处。

·尿布疹反复发作时一定要就医

腹泻时很容易引起臀部起斑疹，并且病情发展迅速，如果反复发作，一定要咨询医生，而不能根据自己的判断随便用药。

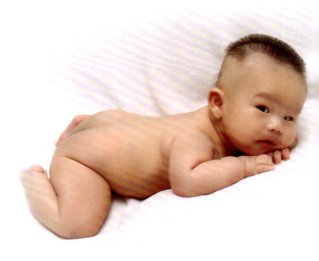

有此种症状时可能患的疾病

1	食物过敏
2	单一性腹泻
3	食物中毒
4	慢性乳儿腹泻
5	腹泻

小贴士

宝宝喝水或进食都能引起胃肠反射性蠕动，因此单纯给宝宝补充水分也可能会引起腹泻。但是如果不及时补充水分，又很容易造成脱水，所以这时应该根据宝宝的症状分少量多次给宝宝补充水分。

同样是腹泻，护理方法却不一样

单一性腹泻

·发病原因

粪便比平时柔软，除此之外并无其他症状，这是一种生理现象，并非疾病。

·症状表现

除腹泻以外，宝宝并没有发热、呕吐等明显的其他症状，并且精神状态和平时比无异常，食欲和体重增加均正常。

·治疗护理

无须特殊治疗。但是要注意观察宝宝是否有发热、呕吐的症状。另外在宝宝排便后，还要注意保持臀部的清洁，可以用湿毛巾擦净或流水冲洗。

急性呕吐腹泻

·发病原因

胃肠炎是指胃、肠急性发炎，一般多由于胃肠受到病毒感染所致。

·症状表现

常表现为食欲不佳、腹痛、腹泻、呕吐等症状。粪便很稀，常混有黏液、血液。由于致病病菌不同，有的人还会出现头痛、发热、咳嗽等感冒症状。

·治疗护理

根据致病菌的种类以及症状表现，可以使用抗生素类药物以及止泻药等进行治疗。同时还要给宝宝及时补充水分防止脱水。

轮状病毒肠炎

·发病原因

这是一种轮状病毒感染引起的肠炎。粪便常为稀水样便，由于多发于秋季，也称为秋季腹泻。但是这种疾病一年四季都可能发生。

这种疾病常见于2岁以内的宝宝，是一种比较典型的儿童腹泻。

以粪便为媒介通过手口传播。照顾宝宝的妈妈们请一定要注意勤洗手，特别是在给宝宝换尿布后，更要用肥皂多洗一会儿仔细消毒。

·症状表现

一般在剧烈的呕吐后不久开始出现剧烈的腹泻现象。有时还伴有发热、咳嗽、流鼻涕等感冒症状，有的宝宝则只表现为呕吐、腹泻，没有其他症状。呕吐一般持续1～2日，之后腹泻开始逐渐严重，甚至达到1天10次以上。

·治疗护理

这种疾病和一般的腹泻不同，病情发展非常迅速，爸爸妈妈应及时带宝宝前往儿科就诊。除了向医生详细说明排泄物的形状、次数外，最好携带沾有宝宝腹泻物的尿布给医生诊断作为参考，以便医生更好地为宝宝确诊病情。

目前针对这种疾病并无特效药，医生会给患病宝宝使用止泻、止吐的药物。

病毒性肝炎

·发病原因

这种疾病是由于肝脏受到病毒感染而引发的炎症。致病的病毒种类很多，感染途径和症状也各不相同。

·症状表现

虽然致病病毒不同，症状各异，但是总体上来说比较相似的是宝宝精神萎靡、食欲不佳、眼白处和皮肤出现黄疸，并且伴有腹痛、呕吐。有的还会出现高热。

甲型肝炎患者排泄物中的病毒通过水、食物都可以传染给他人。患者一般表现为身体倦怠、食欲不佳、发热、呕吐。病情严重时会出现黄疸现象，尿液呈啤酒一样的黄色。

乙型肝炎的病毒通过患者的血液、唾液进行传播。症状表现为出现黄疸、食欲不佳，严重时会出现意识模糊、痉挛等现象。

妈妈如果携带乙型肝炎病毒，在分娩时很可能会传染给宝宝，因此在宝宝出生后需要尽快注射乙肝免疫球蛋白和乙肝疫苗。

丙型肝炎病毒一般多通过血液传播，母婴传播并不是十分常见。主要症状表现为发热、食欲不佳、腹泻、呕吐等。这种肝炎很容易发展成慢性肝炎，并且有肝硬化和癌变的可能。

·治疗护理

以上的几种肝炎目前并无特效药，一般采取静养，多吃一些高蛋白、高热量的食物，加强对肝脏的保护。同时还可以使用干扰素增强机体免疫力。一般1个月左右病情可见好转。

小贴士

呕吐和腹泻很容易造成体内水分大量迅速流失，因此护理时一定要注意及时给宝宝补充水分。还要注意在给宝宝喂食物时不要一次性喂得过多，可以选择一些如白开水、麦片、宝宝专用饮料等分多次少量喂食。

宝宝腹泻这样吃才有效

要注意水分补充尽早恢复正常饮食。

注意水分补给，预防脱水。随着水分流失的电解质钠与钾，可以用少量的盐分或蔬菜汤来补充。

不适合吃的食品有多纤维类、蔬菜类、豆类、奶油、植物油等油脂类、牛乳、乳制品（母乳、牛奶）、柑橘类等。

一天3～4次的轻微腹泻期间，如果有食欲，只要控制纤维及油脂类，其他依照平常的饮食即可。

一天5次以上的腹泻期间，最好吃粥或米汤。吃米粥等谷类可以让大便变固体。不过，过于谨慎的饮食容易营养不足而没有体力，反而使腹泻时间变长。注意观察宝宝的食欲与大便的样子，尽早恢复正常的饮食。

腹泻按步骤恢复的食谱

·米汤、粥（加盐）

先吃加盐的白粥。也可以用高汤或蔬菜来代替盐。

·苹果泥或胡萝卜泥粥

在粥里加入苹果泥，或是加入胡萝卜泥。

·苹果泥豆腐粥

粥+苹果泥+磨碎绢豆腐，最好也能加纤维少的优质蛋白质。

·苹果泥豆腐菠菜粥

在粥+苹果泥+磨碎绢豆腐里加上去除纤维的蔬菜。建议使用菠菜。

果胶有效改善腹泻

　　苹果或胡萝卜里含丰富的果胶，果胶里有水溶性食物纤维可以达到整肠作用，可吸取肠中的水分变成胶状，改善腹泻或便秘，恢复正常状态，蒸熟剁碎食用效果更好，榨汁则没有效果。

推荐食谱 豆腐蒸鱼肉

材料： 鸡蛋黄1个，鲜鱼肉、豆腐各20克，洋葱5克，海带汤1/2杯。

做法： 1.鲜鱼蒸好后，去除鱼刺，磨碎。
2.豆腐氽烫一下，切成1厘米小丁；洋葱剁碎。
3.蛋黄打散后用筛子筛，放海带汤、鱼肉、豆腐和洋葱搅匀，最后放入蒸笼里蒸。

推荐食谱 牛肉南瓜粥

材料： 泡好的大米10克，泡好的糯米、剁碎的洋葱、核桃粉各5克，剁碎的牛肉20克，剁碎的南瓜10克，香油少许，高汤80毫升。

做法： 1.将大米和糯米磨成粉；剁碎的牛肉煮熟后，再剁细一点。
2.将高汤倒进米粉里熬成粥，加入牛肉和蔬菜，再放核桃粉，最后淋点香油搅匀。

推荐食谱 **糯米稀粥**

材料： 糯米15克，水3/4杯。

做法： 1.糯米泡开后磨成粉。

2.在糯米粉里加水，煮成稀粥。

推荐食谱 **胡萝卜南瓜菜粥**

材料： 胡萝卜及南瓜丁共20克，水1/2杯，稀粥1/2碗。

做法： 1.混合胡萝卜及南瓜约20克切碎，加入1/2杯水。

2.放入电磁炉加热约1分半。

3.变软后磨碎放入碗中，再加入1/2碗粥搅拌。

推荐食谱 **营养糯米饭**

材料： 大米15克，糯米10克，豌豆、栗子、香菇、胡萝卜各10克，食用油1/2小匙，水40毫升，高汤1/4杯。

做法： 1.豌豆煮后去皮，磨成粉；栗子去皮，切成1厘米小丁；香菇剁碎；胡萝卜去皮，氽烫一下切成丝。

2.在大米和糯米里加水，放进豌豆和栗子煮成饭。

3.香菇、胡萝卜煸炒后，与做好的饭一起倒入高汤里煮。

 宝宝的尿液同样不容忽视

要多关注宝宝的尿量和颜色的变化

宝宝的排尿量、颜色和摄入的水分、出汗、身体状况有着密切的关系。在摄入牛奶、水分比较充足的食物的时候尿量比较多而且颜色淡。相反，如果水分摄入不足、天气热排汗多，尿量就变少且呈深黄色。

虽然每个宝宝在一天里排尿的次数都不同，但是如果半日内没有排尿，就需要爸爸妈妈引起注意。另外，发现宝宝排尿时有疼痛感、眼睑和手脚有水肿的现象还是要尽早就医。

· 检查宝宝是否发热、排尿时是否有疼痛感

如果宝宝没有发热，但是却出现咳嗽、流鼻涕等感冒症状，排尿时伴有疼痛感，这可能是感染了尿路感染症。这种疾病如果不彻底治疗很容易复发，要尽早就诊。

· 宝宝的尿液颜色发生变化时要多加注意

宝宝尿液的颜色如果呈深黄色或淡粉色，但只要精神状态良好，则无须过分担心。但是如果呈深褐色或尿布上沾有黄色脓状物，或疑似尿血而且呈偏红色，需要立即就诊。

有此种症状时可能患的疾病

1	肾炎
2	尿路感染症
3	龟头包皮炎（男宝宝）
4	外阴部阴道炎（女宝宝）

宝宝爱生病，妈妈要细心

第四章
Di Si Zhang

发热是病毒在和
宝宝的身体作战

 ## 发热是身体表现出来的一种防御性反应

婴幼儿期的宝宝要比成人更容易发热，主要是由于受到感冒病毒、细菌感染引起的。而病毒、细菌的一个特性就是在37℃左右的温度下最为活跃，身体为了抵御它们的入侵，就会让大脑发出一种升高体温的指令，这样一来，侵入身体内的病毒、细菌就无法放出毒素了。

简单地说，发热本身就是我们的身体在和病毒、细菌作斗争的一种表现。虽然发热本身也会增加宝宝的负担，但也不至于让我们觉得不安。

 ## 给宝宝一个更舒适的环境

一般在发热的过程中，人会感觉到全身发冷手脚冰凉，但随着逐渐退热，身体又开始热起来。因此，在宝宝开始退热时，我们要尽量给他创造一个舒适的环境，比如给宝宝盖的被子可以适当地换成薄一点的，出汗浸湿的睡衣和床单最好也换一下。另外，还可以给宝宝使用水枕或者用在冰箱内冷却过的纱布、毛巾轻拭身体，让宝宝能舒服、安心地好好睡上一觉。

有发热症状时可能患的疾病

感冒综合征	突发性发疹症	尿路感染症
风疹、麻疹	水痘	流行性腮腺炎
流行性感冒	手、足、口病	疱疹性咽峡炎
咽喉结膜热	小儿结核	溶血性链球菌感染症
脑膜炎	急性脑炎、急性脑病	急性中耳炎
急性扁桃体炎	急性咽炎	疱疹性口腔炎
急性支气管炎	细支气管炎	肺炎
川崎病	急性阑尾炎	食物中毒

 ## 宝宝发热时妈妈该这样护理

给宝宝补充水分

发热会使身体散失大量的水分，很容易引起脱水，这个时候一定要注意及时给宝宝补充水分。可以多次少量喂一些白开水、大麦茶、果汁、宝宝专用饮品等。

定时测量体温，观察宝宝症状变化

宝宝的病情发展一般都很快，因此要做好监测工作。可以每隔30分钟或1个小时测一次体温，如果发现宝宝的病情表现出特殊的症状，可以将症状变化记录下来作为就医参考。

退热后，要给宝宝创造一个舒适的环境

开始发热时宝宝身体会感觉冷、手凉，这时要注意保温工作。退热后，身体会逐渐开始出汗，这时可以给宝宝换被子和薄的睡衣。

宝宝想吃东西时，给他吃容易消化的食物

宝宝如果要吃母乳、牛奶的时候，放心地给宝宝吃就可以了。但是如果是换乳初期，应该暂时让宝宝克制一下。过了初期以后，可以再次给宝宝喂母乳、牛奶。适当地添加一些粥、汤类等易消化的食物。

勤给宝宝擦汗、换衣服

发热的时候身体会大量出汗，如果不及时给宝宝换衣服擦汗，身体很容易因为汗液的蒸发而觉得冷。另外在给宝宝换衣服的时候，要仔细观察，看看宝宝身上是否有发疹的迹象。

保持宝宝身体清洁

宝宝生病时大量出汗、呕吐、流鼻涕后，要及时给宝宝清洁干净，换上干净的衣服，保持身体和周围环境清洁。

遵照医嘱，按时给宝宝服药

宝宝发热超过38.5℃时，一般可以服用退热药。关于给宝宝服药的时间间隔、次数、剂量等要遵照医生处方进行。

停止外出活动，在室内静养

宝宝发热的时候，要尽量使室内光线暗一些，给宝宝创造一个舒适的睡眠环境。或者在宝宝不想睡觉时给他读读书，陪他玩一些放松的游戏。

小贴士

能够对大脑造成损害的疾病可以分很多种，一般而言大部分疾病表现的症状中都会伴有发热的现象。但是对脑的损害是由于病原菌侵入大脑破坏脑组织造成的，而不是发热本身。

妈妈这时候要带宝宝去医院了

【就诊指南】

暂且观察	微热、精神状态尚佳
应该就诊	1.高热，但可以正常摄入水分 2.高热持续1天以上 3.精神状态不佳，食欲不佳，与平时表现相比异常
及时就诊	1.精神疲倦、无力 2.不能正常摄入水分
紧急救治	1.丧失意识 2.发热在39℃以上，出现反复呕吐 3.月龄不满2个月的宝宝出现38℃以上高热 4.剧烈腹泻、呕吐、不排尿 5.出现痉挛

发热期间的宝宝这样吃

1.配合能够补充水分和营养的食谱。

2.一般发热会经过上升期→高峰期→解热期，宝宝的食物也要配合各个时期。

3.上升期会有打寒战症状，所以可以补充和体温一样的水分。

4.持续高热的高峰期，请充分补充流汗所流失的水分、维生素及矿物质。

5.随着发热消退，食欲慢慢恢复，可以喂食容易吸收的食物，充分吸收水分的同时也要补充营养。观察身体状况，恢复正常的饮食。

发热时的饮食方式

·最重要的是补充水分

生病发热时，最优先的是补充水分，宝宝的身体比成年人更需要水分，但是保持水分的机能还没发育成熟。发热、腹泻、呕吐等症状，容易造成水分流失而引起脱水症状。可以让宝宝喝白开水、大麦茶、宝宝专用的电离子饮料、果汁等饮料。也可以喝母乳、配方奶。

·如果有食欲就给宝宝吃容易消化的食物

病情最严重的时期，身体忙着与疾病战斗，没有空处理食物的消化。不想吃的时候不用勉强吃，只要补充水分即可。

症状减轻后，自然会有食欲。为了不造成消化负担，最好给宝宝吃容易吸收的食物。容易消化的食物指的是纤维与油脂少、松软的食物。

可以灵活的给宝宝安排不需要复杂烹调手续的宝宝食品，饮料也有很多种，如果有食欲，可以喂食粥、乌龙面、菜粥等。

含丰富营养恢复体力的食谱

以容易消化的淀粉质食材为基础，加上煮烂的蔬菜与优良的蛋白质，易入口，也不会造成胃肠负担，可以给予虚弱的身体补充能量。

推荐食谱 南瓜鱼菜粥

材料： 鲷鱼5克，5倍粥40克，水3大匙，南瓜10克。

做法： 1.将南瓜用电磁炉加热30秒后取出揉烂。

2.在鲷鱼5克与5倍粥40克的混合物中加入水3大匙并加热，用筷子搅拌并加入南瓜混合。

推荐食谱 香蕉牛奶

材料： 香蕉20克，牛奶1大匙。

做法： 1. 香蕉中加入牛奶混合。

2. 也可以使用规定分量的奶粉。

推荐食谱 番茄优格粥

材料： 番茄20克，稀饭40克，优格1大匙。

做法： 1. 将番茄用开水煮一下，切碎。

2. 加入稀饭，放到盘子里。

3. 再淋上1大匙优格。

推荐食谱 蒸蛋

材料： 鸡蛋1～2个，高汤3大匙，煮熟的乌龙面30克。

做法： 1. 将加水搅匀的鸡蛋1大匙与高汤3大匙搅拌均匀。

2. 将煮熟的乌龙面30克切细后煮烂，放到盘子后加上蛋汁，小火蒸约10分钟。

3. 用电磁炉大约加热1分30秒。

补充水分、维生素及矿物质的食谱

蔬菜汤及果汁可以同时补充水分、维生素及矿物质，非常方便，是配合发热症状调整温度的食谱，即使没有食欲，也能轻松入口。

推荐食谱 桃子果汁

材料： 白开水、鲜桃汁各适量。

做法： 将宝宝专用的桃子果汁依规定量用白开水加倍稀释至像人肌肤一样的颜色。

推荐食谱 牛肉南瓜粥

材料： 泡好的大米20克，南瓜30克，剁碎的牛肉10克，高汤120毫升。

做法： 1.大米磨成粉；南瓜去皮去籽后蒸熟，剁碎。

2.碎牛肉蒸熟后，再剁碎。

3.在大米粉里加入高汤熬成粥后，放入碎牛肉，最后放入南瓜煮熟。

推荐食谱 哈密瓜稀粥

材料： 泡好的大米、哈密瓜各10克，水70毫升。

做法： 1.大米磨成粉后，加水熬成粥。

2.哈密瓜去皮去籽，磨成糊状。

3.将哈密瓜倒进米粥里煮沸即可。

宝宝爱生病，妈妈要细心

第四章
Di Si Zhang

咳嗽是宝宝的肺
需要保护了

宝宝为什么会咳嗽呢

喉咙受到感冒病毒感染而发炎时，异物、灰尘等就会沾在支气管的黏膜上，然后黏膜分泌出来的分泌物逐渐增多又会阻塞支气管。这些分泌物就是痰，而咳嗽正是为了把痰以及喉咙内部的异物向外排出的一种身体防御性反应。

同时，宝宝的喉咙黏膜又非常敏感，气温稍微降低也会引发咳嗽。如果宝宝只是单纯性咳嗽而没有其他症状暂且不需要担心，但是如果出现持续咳嗽，并且无法入睡，这时一定要尽早就医。

这样能避免宝宝咳嗽

家里如果有经常咳嗽或者患有支气管哮喘的宝宝，妈妈就要尽量保持室内整洁，仔细清扫灰尘以及真菌能够藏身的地方。宝宝的床单、毛巾等也尽可能地使用棉制品，而且要经常换洗，另外还要经常晾晒被褥，并且把毛绒玩具、室内观赏植物、宠物等放在远离宝宝的地方。

经常开窗通风，也可以使用加湿器使室内保持一定的湿度。

很多妈妈不知道该这样照顾咳嗽的宝宝

一定要禁烟

香烟的烟雾不仅有害健康，而且容易刺激气管引发咳嗽，因此宝宝咳嗽的时候，爸爸绝对不可以在宝宝身边吸烟。

准备一些容易消化的食物给宝宝

宝宝咳嗽时可能引起食欲不佳，这时候就要给他准备一些容易吞咽、消化的食物，但注意不要喂宝宝吃生冷的东西，这容易刺激气管和食管，最好选择一些温热的食物。

宝宝睡觉时要垫高上身

宝宝在睡觉时，上半身稍微垫高一点能减轻咳嗽让宝宝觉得舒服一些。

宝宝不住地咳嗽时，可以竖起来抱、轻轻拍背

宝宝持续咳嗽不止时，可以把他竖着抱起来，轻轻地抚摩或拍宝宝的后背，这样也能一定程度的让宝宝感觉到舒服和安心。

室温保持在一定温度，避免室内干燥

室内过于干燥很容易引发咳嗽加剧，因此在室内空气干燥的时候，可以使用加湿器或者采取在室内晾衣服的办法来调节湿度，给宝宝创造一个舒适的空间。

给宝宝喝水有利于消痰

宝宝咳嗽的时候喂一些温水或者饮品能够润湿喉咙，使呼吸变得顺畅。

给宝宝使用药膏涂抹时要注意用法和用量

现在市面上出售的一些止咳、顺畅呼吸的涂抹药膏效果还不错，但是在给宝宝使用之前一定要仔细咨询听取医生的意见，注意用法与用量。

多开窗，让新鲜的空气流通

室内应该经常通风换气，这样才有利于新鲜空气的流通。特别是冬天更要注意勤开窗，或者也可以使用空气清新剂。

勤打扫，保持室内环境整洁

宝宝咳嗽的时候如果吸入了灰尘，很容易使咳嗽加剧。妈妈在打扫房间的时候，一定要彻底，特别是电视机等电器，床、被褥等比较容易积灰的地方更是要细心打扫。

宝宝咳嗽时喂东西很容易呕吐，这时候该怎么办

咳嗽伴有的呕吐一般不会对宝宝造成什么影响，但是持续咳嗽或者进食过多确实会更容易发生呕吐现象。这时在给宝宝喂母乳、牛奶或者其他食品时，可以比平时的量少一些，观察宝宝的反应后再决定是否继续喂。

宝宝爱生病，妈妈要细心　　第四章
Di Si Zhang

呕吐是有害物质
侵入宝宝腹内了

小宝宝本来就很容易呕吐

　　婴幼儿的胃不像成人的胃那样呈弯曲状，而是基本上呈直线形。并且，胃入口处的肌肉常比较松弛，因此受到一点点的刺激就容易呕吐。

　　宝宝在喝完牛奶或母乳后常常会发生吐奶的现象，只要量不大，宝宝的体重正常增加就无须担心。但是如果宝宝发生喷射状呕吐，并有发热、剧烈哭泣、反复呕吐的症状，则需要立即就医。

要防止宝宝出现脱水症状

　　宝宝在出现呕吐症状后应仔细观察，暂时先不要给他吃任何食物。但是如果反复出现呕吐，身体内的水分就会大量流失导致脱水，因此在宝宝呕吐后应该注意的是及时补充水分。

　　呕吐后胃通常会比较虚弱，在给宝宝补充水分时要分多次少量进行。但是一旦宝宝出现不喝水、呕吐后极其疲倦，这很可能是脱水的表现，需要立即送往医院医治。

有呕吐症状时可能患的疾病

肠套叠症	轮状病毒肠炎	食物中毒
慢性乳儿腹泻	颅内出血 （颈部受到击打所致）	感冒综合征
急性脑炎、急性脑病	食物过敏	先天性肥厚性幽门狭窄
脑膜炎	贲门失弛缓症	

 呕吐时妈妈要这样做

少量多次给宝宝喝水，避免引起呕吐

宝宝吐过后会觉得口渴，但是如果一次喂太多水很容易引起再次呕吐，这时可以等宝宝呕吐停止后，每隔10～15分钟喂一勺量的水即可。

不能给宝宝喝柑橘类果汁，而要选择宝宝专用饮料

柑橘类的果汁以及乳酸菌饮料，都可能诱发宝宝呕吐，因此在宝宝呕吐后应该喂一些白开水、宝宝专用饮料等。

要仔细观察宝宝的排尿次数、尿量以及观察宝宝的状态

注意观察宝宝的排尿量、排尿次数是不是比平时少了，有无发热情况，粪便的硬度颜色如何，精神状态是否正常。如果发现有异常症状，应该及早就诊。

采取正确的躺卧姿势，防止呕吐物阻塞呼吸道

为了防止呕吐物堵塞呼吸道而引起窒息，应该将宝宝的脸朝向侧面。用圆而薄的靠垫垫在宝宝颈部与背部之间可以使宝宝自然保持侧头的状态。

宝宝呕吐后要将口腔清理干净

宝宝呕吐后要立即将口腔中和脸上的污物清理干净，防止污物再次引发呕吐。擦拭时最好用湿毛巾，这样更容易擦干净。

如果宝宝持续感到恶心，可以把宝宝竖起来抱着

呕吐后如果竖着抱宝宝会觉得比较舒服，尽量给他穿宽松点的衣服，轻轻地拍宝宝背部可以让他感觉到安心。这时候如果采取摇晃式抱法可能诱发宝宝再次呕吐，应采取竖立静止式抱法。

要仔细观察宝宝在辅食添加期间的表现

短时间内不要强行给宝宝喂东西吃，可以在宝宝呕吐一次后注意观察他的状态，如果正常，可以在1～2个小时后给宝宝喂少量的粥或者容易消化吸收的食物，并注意观察宝宝的状态。

 ## 呕吐期间要让宝宝这样吃

首先补充水分，如果看起来没有继续呕吐迹象，可以慢慢增加分量。有很多疾病会伴随出现恶心、呕吐等的胃肠症状。恶心严重时，应禁止饮食。

呕吐过后30分钟以上，如果没有继续呕吐，可以用汤匙补充10～30毫升水分（白开水、麦茶、宝宝用的电离子饮料等）。再等30分钟，再补充10～30毫升水分。一定要间隔30分钟，从水分100毫升过渡到牛奶或母乳100毫升再到粥或米汤5～6匙，如果完全没有继续呕吐时，就可以回到正常饮食。

有恶心症状时，柑橘类、桃子等水果的果汁更容易催吐，所以不要让宝宝喝这些饮料。优格、牛奶也有催吐效果，也应避免宝宝饮用。

推荐食谱 土豆羹

材料： 土豆30克，白开水1大匙。

做法： 1.将土豆煮烂。

2.取1/2大匙汤汁，加入1大匙白开水做成土豆羹。

推荐食谱 土豆南瓜稀粥

材料： 泡好的大米、土豆各10克，南瓜5克，水70毫升。

做法： 1.大米磨成粉，加水熬成粥。

2.土豆去皮，磨碎；南瓜去皮和籽，剁碎。

3.在米粥里放入土豆煮熟，再放入南瓜熬煮。

推荐食谱 洋葱米汤

材料： 洋葱30克，米汤2小匙，水适量。

做法： 1.洋葱30克，加入1杯水加热，大约煮20分钟。

2.将煮好的洋葱汁与米汤2小匙混合搅拌。

推荐食谱 香菇蔬菜粥

材料： 稀饭50克，卷心菜20克，香菇、豌豆各10克，高汤1/4杯。

做法： 1.香菇去皮汆烫后，剁碎。卷心菜切细；豌豆煮熟，去皮，剁碎。

2.高汤里加入稀饭、豌豆，等到饭熟了再放香菇煮，最后放卷心菜煮熟即可。

推荐食谱 热苹果泥

材料： 苹果肉20克，白开水1大匙。

做法： 1.将苹果20克切碎，放入耐热容器中，加1大匙水。

2.用保鲜膜封住放入电磁炉加热1分钟。

3.取出后将苹果磨碎成泥，搅拌均匀即可。

推荐食谱 萝卜清汤

材料： 剁碎的牛肉、萝卜各30克，洋葱10克，高汤2杯。

做法： 1.剁碎的牛肉放入冷水里去除血水；萝卜和洋葱去皮，剁碎。
2.锅里放入牛肉、高汤煮一会儿，再放进萝卜、洋葱。
3.充分煮熟后用筛子过滤，留汤。

推荐食谱 地瓜薏仁饭

材料： 大米、地瓜各30克，胡萝卜10克，薏仁、洋葱各5克，食用油1/2小匙，水70毫升，高汤60毫升。

做法： 1.地瓜去皮，切成1厘米小丁。
2.薏仁磨成粉，再放入大米和水煮成饭。
3.胡萝卜、洋葱去皮，切成5毫米大小，加油热锅煸炒。
4.将炒好的洋葱和胡萝卜放进饭里，再倒入高汤煮。

宝宝爱生病，妈妈要细心　　第四章
Di Si Zhang

龋齿是妈妈和宝宝
共同的烦恼

 预防龋齿

发病原因

发生龋齿的原因是口腔内的致龋牙菌释放酸性物质腐蚀牙齿、食物的影响、药物的作用和牙齿的质量有关。如果宝宝喜欢吃糖，吃完后又不及时漱口，糖会形成牙垢，致龋牙菌在口腔内繁殖，释放出的酸会使牙本质溶解，时间长了就会形成龋齿。宝宝的乳牙由于釉质和牙骨质层很薄，一旦成为龋齿则发展速度相当快。

症状表现

最初牙齿表面的白色开始变得浑浊，然后呈茶色，等到细菌开始侵蚀牙骨质时，牙齿上就会出现孔洞，咀嚼食物时会感觉疼痛。如果再进一步发展到细菌侵蚀神经，则会对恒齿出牙造成影响。

治疗护理

爸爸妈妈要经常检查宝宝的口腔，如果发现牙齿颜色开始变得浑浊，这就是龋齿的最初阶段，在这时就应该带宝宝前往牙科就医。

 宝宝的牙齿保健

　　如何保护好宝宝的牙齿，什么东西能吃，什么东西不能吃，这里都将告诉你，而且能让你掌握保护宝宝牙齿的正确方法。

乳牙发育的过程

·0～6个月

　　宝宝通过吮吸母乳或者牛奶的过程，锻炼了下颌，期间也磨合了上下牙床。在普通牙齿萌发出之前，有些宝宝会先萌发出先天性牙齿及新生儿齿。

·6～8个月萌发出第一颗牙

　　牙齿的萌发存在着个体差异，一般来说是下牙床的第一颗门牙先萌发。

·8～10个月发出上下各两颗门牙

　　一般上面两颗门牙在下面两颗门牙萌发后出现。由于还没有萌发出臼齿，所以上下齿的咬合还很不稳定，上下的四颗牙齿已经可以咬切些食物。

·12个月左右萌发出上下各4颗门牙

　　在上下各萌发两颗门牙之后，陆续各自萌发出两颗幼侧切齿。上下的4颗牙齿已经可以咀嚼些食物。此时的舌头及下颌活动进一步灵活了。

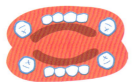

·14～16个月萌发出第一颗臼齿

过了1周岁，辅食期结束以后，就进入了可以吃各种食物的阶段。前牙基本已经齐全，上下对应的臼齿也很快就会萌发出来。

·18个月萌发出幼犬牙

在第一颗幼臼齿萌发出来后，一般的上下4颗幼犬齿（紧挨着幼切齿）也会接着萌发出来。牙齿的数目不断地增多，能够进行很熟练的咀嚼动作。

乳牙开始萌发的6～8个月阶段

·吃完辅食后，喂白开水

随着宝宝的成长，每天可以吃一次或两次的辅食，牙床也可以磨碎些食物。虽然下牙床的前齿会流出大量有杀菌功能的唾液，可以清除口腔中的脏物，但是在每次吃东西之后还是要用白开水冲洗口腔。

小贴士

1.饭后用纱布擦净宝宝的牙齿或者刷牙。由于牙垢中产生的酸能够腐蚀并且溶解牙齿，因此爸爸妈妈要帮助宝宝在饭后养成刷牙的良好习惯，去除牙垢。

2.控制甜食的摄入。糖类在龋齿的发生中起决定性作用，可使牙面的菌斑增多，致龋链球菌大量增加。因此要尽量控制含糖量高的食物如点心、果汁、糖果的摄入，最好固定时间给宝宝喂饭，喂饭后及时刷牙。

3.要使宝宝的饮食营养均衡。多摄入含蛋白质、钙质丰富的食物对于预防龋齿有很大功效。

4.定期给宝宝进行牙齿检查。每年带宝宝进行1～2次牙齿检查，对于宝宝牙齿的发育会有很大帮助。

·逐渐让宝宝习惯牙刷或擦拭牙齿用的纱布

为使宝宝不因手指或者刷子放进口中感到惊慌，最初的时候可以用纱布或者湿巾擦拭宝宝嘴的周围及牙齿。当宝宝习惯了纱布以后，妈妈就可以边小心地照看，边像跟宝宝做游戏一样用宝宝专用牙刷给宝宝刷牙。

小贴士

纱布擦拭的步骤：

1.将纱布缠绕到手指上

将妈妈的示指缠绕上纱布，其余的手指夹住纱布的末端。

2.擦拭嘴的周围

不要急于擦拭牙齿，首先为了使宝宝适应，可以先将嘴的周围及嘴唇擦拭干净。

3.擦拭牙齿

将手指伸进宝宝口中，轻轻地擦拭牙齿。

上下齿齐全的10～12个月阶段

·不可强制，要营造轻松的氛围

宝宝从抓立到站，在1周岁左右开始学迈步。对什么事情都感兴趣，这时候，可以让宝宝拿着牙刷，当宝宝拿着牙刷刷牙的时候，爸爸妈妈要做出很赞许的表情并说"真棒"之类的话，让宝宝也觉得这是件很开心的事情。

·用牙刷刷每颗刚萌发出来的牙齿

让宝宝自己练习刷牙的同时，妈妈也要用牙刷给宝宝刷牙。前齿的牙床附近容易残留脏物，而为了避免对牙床的强烈刺激，可以横着一颗颗地刷，同时不要忘记牙齿内侧的清洁。

【刷牙的注意事项】

乳牙萌出第一颗时，指套牙刷最好用	宝宝萌出第一颗牙后，妈妈可以用纱布蘸水擦牙床。同时，可选用套在手指上的指套牙刷来为小宝宝刷牙，这样不仅能洁齿，而且还能轻轻按摩齿龈。这种指套大多是为宝宝专门设计的咬牙胶做的，有多种设计，有的突出沟槽，有的具有按摩牙龈的作用，有的还会发出奶香味或水果味，不但宝宝会喜爱，而且还满足了宝宝想咬东西的欲望
让宝宝脸朝上仰卧在膝盖上	让宝宝脸朝上仰卧在膝盖上，妈妈一边轻轻地呼唤宝宝，一边注意观察嘴部，之后轻轻地握住牙刷，方法同握铅笔
每颗牙齿至少刷5下	一般每颗牙齿夹回摩擦5～10次。并且跟宝宝说"干干净净啊"之类的话，营造欢乐愉快的氛围

臼齿萌发的1岁半阶段

·首先要让宝宝自己刷牙

让宝宝自己拿着自己的牙刷，在妈妈的示范下，自己刷牙。虽然还不能刷得很好，但是妈妈要多给宝宝些诸如"刷得真干净啊"之类鼓励的话。

·之后妈妈再开心地给宝宝刷一遍

在宝宝自己刷完以后，妈妈还要再刷一遍。边跟宝宝说"这次该轮到妈妈了"这样的话，边让宝宝脸朝上地仰卧在妈妈的膝盖上。牙齿间的间隙及臼齿上有很多小沟，很容易残留脏东西，一定要仔细地清洗。过了1周岁半就可以用起泡的牙膏刷牙了。

· 吃过零食后要刷牙

吃过零食后，宝宝要漱口，要保护好宝宝的牙齿，最好养成刷牙的习惯。宝宝刷牙时要注意提醒宝宝将水和牙膏一起吐出去，否则容易造成宝宝摄氟过多。

· 养成刷牙好习惯

宝宝经常啃咬物品，睡觉时张口呼吸，这易引起上唇翘起、下颌骨下垂、牙齿排列不齐、咬合不正等特殊面容，应及时去医院治疗。另外，注意防止宝宝摔倒跌伤口唇或牙齿。宝宝牙齿长齐时，就应教育宝宝养成良好的刷牙习惯，以预防龋齿。

龋齿是怎样引起的

· 龋齿是由于坏齿细菌引起的

龋齿是由一种近年来被发现特殊的坏齿细菌引起的。所谓的龋齿，就是一种糖依赖型的口腔细菌分泌出酸性物质，进而腐蚀牙齿引起的一种疾病。

· 柔弱的乳牙很容易遭到坏齿细菌的侵害

刚刚萌发出的乳牙尚未成熟，非常脆弱，遭受坏齿细菌感染的可能性很大，而且一旦感染，扩散的速度非常快。成人腐蚀牙齿的最底线为pH5.5～5.7，宝宝大约是pH6.2，很接近中性，所以稍有些酸性物质就很可能腐蚀乳牙。

小贴士

刷牙的步骤：
1.在刷齿根的时候，要将牙刷竖起
刷牙时不可太用力，牙刷的刷毛尖部容易刺激牙床。
在刷容易残留脏东西的牙根时，可以将牙刷竖起来刷。
2.妈妈帮忙再刷一次
在宝宝自己刷完后，妈妈需要再刷一遍。

宝宝发疹
妈妈做得对吗

幼儿急疹

发病原因

突然高热开始发病，等退热后全身出现红色细小皮疹。这是一种宝宝出生后4～5个月开始至1岁期间很常见的疾病。出生后第一次高热的宝宝，很多都是因为患幼儿急疹。

约90%的患病宝宝都是不满1岁，基本上过了1岁，宝宝对于这种疾病就有了免疫能力。

感染原因主要是在人的唾液中含有一种叫做人疱疹病毒6型（HHV-6）的病毒。可能是通过口、餐具给宝宝喂东西时传染给宝宝的。除HHV-6外还有HHV-7、HHV-8等病毒，如果感染会有相同的症状表现，都可以导致幼儿急疹。

症状表现

·突然高热，热退疹出

宝宝突然发高热至39℃～40℃，但是却没有流鼻涕、咳嗽等症状表现而且还比较活泼。高热持续3～4日后突然退热，同时或者次日在脸部、腹部、背部等出现红色细小皮疹。没有瘙痒现象。皮疹在2～3日间最明显，之后渐渐呈褐色并消失。皮疹退后不留色素沉着，对于皮疹无须特殊护理。

·警惕出现高热惊厥

宝宝由于神经系统发育还不完善，高热时有可能出现高热惊厥。所以一旦体温升高，要做好物理降温，体温≥38.5℃时，要及时服用退热药，避免出现高热惊厥。

治疗护理

·注意给宝宝补充水分并保持环境的安静

发热时由于排汗，很容易造成水分流失。应每次少量多次给宝宝及时补充白开水、米汤盐等。

高热时可适当减少宝宝的衣服、换相对较薄的被褥，尽量使宝宝处于一个舒适、安静的环境中。到皮疹消失之前这段时间暂时不给宝宝洗澡。

·有发热现象应首先前往儿科就诊

该病的确诊是根据退热后有无发疹现象确定，但是在这期间也不能排除患有其他疾病的可能性。不能根据宝宝出生后第一次发热就判断为突发性发疹症，一旦有发热现象应首先前往儿科就诊。

麻疹

发病原因

麻疹病毒通过打喷嚏、咳嗽粘在鼻、喉部黏膜上，潜伏期约为10～12日，之后发热在38℃左右并出现咳嗽、流鼻涕等类似感冒的症状表现。之后眼部有充血现象，口内发疹，皮肤出现红色皮疹现象并向全身扩散。

需要引起注意的是由于麻疹病毒引起的并发症，如肺炎、支气管炎、中耳炎等，特别要注意的是感染其他病原菌可能引起细菌性肺炎等重症。还有一种现象并不常见，病毒侵入大脑引发麻疹脑炎，会有抽搐、意识障碍现象，即使治好也会有智力障碍等后遗症。

另外，完全治愈4～5年后还可能会患亚急性硬化性脑炎，这种疾病的症状表现是智力低下、抽搐、意识障碍。

症状表现

·开始时的症状表现与感冒症状表现相似

最初2～3日发热在38℃左右，同时有咳嗽、流鼻涕，出现眼部分泌物等类似感冒症状表现。到第3～4日，开始出现眼部充血、口腔内侧黏膜出现数十个类似口内炎的白色粒状物。这是麻疹黏膜斑，是麻疹疾病特有的症状表现。

·再次发高热的同时全身有红色皮疹出现

持续3～4日的高热退热后，在半日至一日内又重新发热，耳朵后部开始出现细小红色皮疹，逐渐扩散到胸部、腹部、背部、手脚，3～4日内遍布全身。皮疹渐渐由小块连接成片，使皮肤看起来呈斑状。在这期间高热持续不退，脸部微肿，口腔内溃烂，眼部充血并有大量分泌物，还有腹泻现象。咳嗽逐渐加剧，宝宝精神状态很差。

发病后7～10日逐渐退热，食欲也慢慢恢复，至体力恢复到平时的水平需要大约2周的时间。红色皮疹逐渐变成褐色，经过1个月左右逐渐消失。

治疗护理

·退热后到皮疹消失这段时间，首先要给宝宝一个安静的环境

现在没有很有效的对抗麻疹病毒的药物，因此只能根据症状表现进行治疗。为预防中耳炎、肺炎等二次细菌感染，应遵照医嘱给宝宝服用抗生素。高热不退、全身症状表现恶化的情况下也可以住院。

热退后皮疹颜色逐渐变淡，这段时间可以在家静养。如果高热持续容易引起脱水，需要不断给宝宝补充水分，注意穿着是否过多，尽量使宝宝处于一个温度舒适的环境。退热后3～4日后才可以洗澡。

·宝宝满8月龄时可以接种疫苗

麻疹是一种有很强传染力的疾病，因此宝宝在满8月龄时应及时接种疫苗。

在没有接种疫苗期间，如果与患有麻疹的宝宝有过接触，不满8月龄的宝宝应在接触后6日内尽早注射γ-球蛋白，8月龄以上的宝宝如果从前没有注射过麻疹疫苗，应在接触后72小时内尽早接种疫苗。同时应前往医院就诊。

风疹

发病原因

就像其名称"三日疹"一样，症状表现和麻疹相似，全身有发疹现象，但没有麻疹症状表现严重，发热和发疹基本上都在2～3日痊愈。原因是感染了由于喷嚏、咳嗽等散发在空气中的飞沫传播的风疹病毒所致。

麻疹是高热到第3～4日开始出疹，风疹则是与发热同时出疹。还有一个特征是颈部、枕后、耳朵下部淋巴结肿大。患者基本上可以自愈，极少数情况下会有脑炎、关节炎等并发症。另外，如果是怀孕期间感染，很可能造成宝宝患有耳聋、白内障、心脏病等先天性风疹综合征。

症状表现

·发热的同时有发疹现象，并可见淋巴结肿大

感染发病2～3周后，发热达到38℃左右，同时全身有红色细小皮疹出现。淋巴结也开始肿大，碰触颈部、耳朵下部，会感觉到有小指尖大小的疙瘩。眼白充血，喉咙肿痛，可能还会有轻微的感冒，2～3日后，开始退热，风疹也全部消失。

大多数宝宝都会自然痊愈，需要引起注意的是病毒侵入脑部造成风疹脑炎。如果发现宝宝有意识模糊的症状表现应立即送往医院就诊。除此之外还应注意是否有血小板减少性紫癜病、关节炎等并发症的出现。

·基本没有任何症状表现的病例

还有一种情况是症状表现较轻，基本不发热，发疹也不明显，爸爸妈妈可能没有意识到传染了病毒。这种情况称为"隐性感染"。如果爸爸妈妈无法判断宝宝是否感染了病毒，最好就诊接受抗体检查。

治疗护理

·到皮疹消失这段时间应在家静养

高热时应注意给宝宝补充水分。宝宝患此病基本上没有并发症，大部分会自愈。但是即使不发热，到风疹消失这段时间应减少外出，在家静养。风疹多少都会有些瘙痒，应避免用力抓挠。风疹病毒的感染力很强，患病期间应避免与外界接触。特别是不能和孕妈妈接触。

·接种疫苗可以预防感染

风疹是一种感染力很强的疾病，会形成区域性流行。宝宝到1岁就可以接种疫苗，但目前一般都是在宝宝满一岁半后直接注射一针麻腮风疫苗。接受过疫苗注射的宝宝就可以避免被传染。育龄妇女最好在备孕前三个月接种该疫苗。

 ## 水痘

发病原因

这是感染了水痘带状疱疹病毒的疾病，潜伏期约为2周。通过患者的喷嚏、咳嗽的飞沫或者接触发疹者来传播。由于传染力很强，常在幼儿园等宝宝密集的地方暴发群体性感染。

感染最初阶段可见如蚊虫叮咬般的红色疹子。有时伴有38℃左右的高热。发疹在半日至2日左右遍布全身，同时变成有强烈瘙痒感的水疱，水疱破裂后形成黑色疮痂。

水痘在发疹开始1～2周左右好转，但是好转后水痘带状疱疹病毒仍然在体内生存，到成人阶段时可能损害健康，甚至形成刺激神经的带状疱疹。

症状表现

·红色皮疹形成有强烈瘙痒感

直径约为2～3厘米的红色皮疹出现在头皮、脸部、臀部、腹部等，半日左右可遍布全身。皮疹在数小时至半日内逐渐变成透明的水疱。有时伴有37℃～38℃的发热现象。

水疱的遍布程度因个体不同而有所差异，还可能出现在头皮、外阴部、口腔内、眼皮内侧等部位。瘙痒感强烈，注意避免抓破，以免感染或留疤。

·水疱逐渐变干形成疮痂

水疱在3～4日后逐渐变干，形成黑色疮痂。疾病最严重时可形成红色皮疹、水疱、疮痂混杂在一起，1～2周内所有的水疱都变成疮痂。碰触发疹也会传染，因此在所有的水疱结成疮痂之前要避免外出。

少数情况下会有并发症如水痘脑炎、瑞氏综合征。如果宝宝有丧失意识、抽搐现象应立即送往医院救治。

治疗护理

·防止抓破水痘是护理的关键

止痒但同时还要防止抓破水痘，这是护理的关键。应将宝宝指甲剪短，如果宝宝还是要抓痒，可以用手套套住宝宝的手防止抓破水痘。

医院的止痒方法通常是使用加入抗组胺剂的软膏，已经有抓破化脓现象的水疱，则使用加入抗生素的软膏或者吃处方药。涂软膏时应细心且一个一个地涂。

口腔内如果起有水疱，应避免吃刺激性食物或者热的食物，可吃些软的易消化的食物。感染的初期，也可以用抗病毒药物来抑制发疹。

水疱变成疮痂之前应避免洗澡，可以用淋浴冲洗臀部。另外如果水疱破裂很容易污染衣物、被褥，应注意勤换内衣、睡衣、床单、枕头等。

·宝宝超过1岁可以随时接种水痘疫苗

宝宝过了1岁可以随时接种疫苗，但是即使接种了疫苗，也还是会有少数宝宝感染发病，这在医学上称为"突破病例"，但是，这部分宝宝发热程度较低，水痘个数也会较少，症状会较没有接种过疫苗的宝宝轻。

如果在接种疫苗之前就已经得了水痘，机体会获得终生免疫力，以后也不需要再接种水痘疫苗了。

第四章
Di Si Zhang

宝宝爱生病，妈妈要细心

不是宝宝皮肤太娇气，
是妈妈总是不注意

 妈妈不了解的皮肤疾病基础知识

皮肤在身体表面起重要的作用

皮肤不仅覆盖在身体表面，还是维持生命不可缺少的身体组织。

皮肤的一个功用是对身体起着保护作用，防御细菌的侵入、减轻来自身体外部的物理性冲击。

另外还有调节体温的作用。天气热的时候出汗、张大毛孔散发热量，天气冷的时候收缩血管、缩小毛孔防止热量的散失。不管外界气温变化如何，尽量保持体温在一定范围内浮动。

皮肤最有重要的功能是感知刺激，向大脑、脊髓传达冷、热、触觉等信息。

日常应注意皮肤的状态

宝宝的皮肤很薄，功能尚未发育完全。因此很容易受到来自外界的刺激。

爸爸妈妈在给宝宝换衣服、洗澡的时候应该仔细观察宝宝的皮肤是否有干燥、粗糙、湿疹等现象。

症状表现即使相同也未必是相同的疾病

汗疹、尿布疹、宝宝湿疹……这些疾病的特征都是宝宝皮肤上有发疹现象，但是治疗方法各异。有时候爸爸妈妈根据自己的判断给宝宝用药反而会造成病情的恶化。

如果爸爸妈妈发现宝宝有皮肤方面的疾病应尽早前往皮肤科就诊，这对诊断和治疗都有很大帮助。

去皮肤科检查时的注意事项

如果发现皮肤方面有问题，首先应该对全身进行检查。

像麻疹、水痘这样的疾病，除了表现症状在皮肤上，还会发热、咳嗽、流鼻涕等，爸爸妈妈应该仔细观察宝宝是否有这样的症状表现。还应向医生详细讲明宝宝的症状表现是从何时开始、有什么具体表现等情况。

 ## 婴儿湿疹

发病原因

出生后到1岁左右的宝宝患有的湿疹被称为婴儿湿疹。这种疾病的原因现在还不是十分清楚，特别是特应性皮炎、接触性皮炎、汗疹等疾病在宝宝小的时候很难区分确诊，因此统称为婴儿湿疹。

皮肤表面分泌的皮脂有保护皮肤的作用，刚出生的宝宝受到从母体继承的性激素的影响，皮脂分泌过剩很容易形成湿疹。过了2～3个月随着皮脂分泌渐渐减少，又比较容易形成由于干燥引起的湿疹。很多宝宝都曾经患过宝宝湿疹。

症状表现

在脸颊、口的四周、两颚、头部都有红色湿疹出现，有时湿疹会溃烂并伴有瘙痒感。在宝宝湿疹中，常常会有脓状物的小水疱出现。

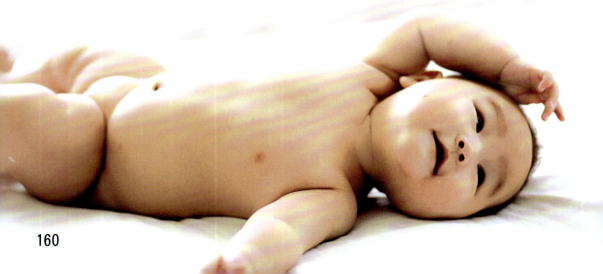

治疗护理

如果做好皮肤清洁工作，差不多3~4周就可以痊愈。每日洗澡时用宝宝专用肥皂，特别要注意清洗额头、发根，这些部位皮脂腺比较发达，皮脂分泌较多，还要注意清洗容易沾到牛奶、口水的口部周围和脸颊。可以将肥皂泡沫涂在脸颊、额头，用手轻轻擦，然后用水反复冲洗，还可以用温水将纱布浸湿涂上肥皂擦拭、冲洗。

爸爸妈妈还要注意把宝宝的指甲剪短以防止瘙痒的时候宝宝自己抓破皮肤，可以给宝宝戴上手套。

如果这种情况还是持续，引起宝宝哭闹、情绪低落，应带宝宝前往医院就诊。

 新生儿痤疮

发病原因

宝宝在出生1周左右脸部、额头、上下颚等皮脂分泌比较旺盛的部位出现的像痤疮一样的湿疹，一般被叫做新生儿痤疮。

出生不久的宝宝由于体内还留有从母体继承的性激素，受到性激素分泌的影响，皮肤总是油油的，多余的皮脂堵塞毛孔，这里就比较容易感染细菌发炎，发出一些像痤疮一样的疹子。

新生儿痤疮是一种生理现象。随着体内性激素分泌的减少，皮肤上的油脂也会随之减少，疹子会自然消失。

症状表现

新生儿痤疮和青春期宝宝脸上的痤疮是一样的，没有一般湿疹特有的瘙痒感和痛感。湿疹呈红色并且里面有脓状物。

治疗护理

护理的重点之一是要除去多余的皮脂，保持脸部的清洁。给宝宝洗澡的时候，妈妈可以用宝宝专用肥皂打出丰富的泡沫涂在宝宝脸上，仔细清洗然后冲净。很多宝宝不用治疗，在出生后1～2个月症状表现会逐渐变轻最后痊愈。但是如果爸爸妈妈发现宝宝的症状表现有越来越严重的发展趋势，还是要带宝宝前往医院检查。根据症状表现的不同，可以使用一些非类固醇类外用药或者加入抗生素的软膏。

 汗疹

发病原因

汗疹是由于汗腺被汗液、污垢等堵塞，无法排出体外的汗液积存在体内引发的炎症。头部、额头、颈部、手腕、脚腕、腋下、后背、臀部等比较容易积存汗液的部位会发出刺痛感，并伴有瘙痒感的细小疹子。

宝宝的新陈代谢很旺盛，在小小的身体上分布了和成人一样多的汗腺，这些汗腺要比成人的密集得多，所以也更容易出汗。并且宝宝的关节总是不能像成年人那样伸直，就更容易积存汗液，这也是容易形成汗疹的原因之一。

症状表现

在头部、额头、腋下、后背、垫尿布的下腹部这些比较容易积存汗液的部位出现细小的粒状疹子。

发的疹子最初呈白色没有瘙痒感，渐渐地开始有炎症并且变红，有刺痛感和瘙痒感。如果抓挠患部再加上出汗，瘙痒感就会更强烈。

如果抓破了的疹子再感染上黄色葡萄球菌，汗疹会进一步恶化化脓并伴有疼痛感。

治疗护理

·如果有瘙痒感的疹子越发越多，还是应该前往医院就诊

宝宝出汗的时候，爸爸妈妈要及时把汗擦干，如果有发疹的现象，一定不要让宝宝把疹子抓破。

如果发疹的数量多，面积大，瘙痒感强烈或者有疹子被抓破等情况，应去医院就诊。医生可能会开一些含有类固醇的药膏进行涂抹。

·要注意及时擦干宝宝身上出的汗，还要注意衣物厚薄、房间温度

出汗很容易引起瘙痒，因此在宝宝玩耍之后或者午睡醒来后爸爸妈妈应及时擦干他身上的汗液。

宝宝微微出汗的时候，要勤给宝宝换衣服或者洗澡，对于比较容易积存汗液的指关节、膝关节，可以轻轻擦拭。

衣服要选择比较容易吸汗透气的薄布料。近年来由于室内温度过高引起的汗疹情况的增加，爸爸妈妈还应注意室内温度的调节。

汗疹被抓破后涂药或切开治疗伤口如果感染了黄色葡萄球菌就会化脓。

患部会形成脓肿，应该尽早切开脓肿清理患部，还应涂一些软膏或服用抗生素类药物防止发炎。患有这种疾病时会伴有强烈的疼痛感、发热、淋巴结肿大等，给宝宝造成很大的痛苦，因此爸爸妈妈一定要注意不能让宝宝抓破汗疹。

接触性皮炎

发病原因

皮肤受到接触物的刺激而发炎。宝宝患有此病大部分是因为口水、汗液、尿液、果汁等刺激引起的。

症状表现

皮肤发炎并有瘙痒感，出现粒状物或水疱。其特征是仅仅在接触了刺激物的部位发炎。

治疗护理

清洗患部，保持患部清洁，还可以涂一些消炎的药膏。症状表现轻微的时候可以使用一些非处方药，如果瘙痒感强烈、患部有脓状物出现、发炎皮肤面积扩大等症状表现，爸爸妈妈应带宝宝去医院的皮肤科或儿科就诊。

 尿布疹

发病原因

垫尿布的部位受到粪便、尿液等的刺激而发炎，起一粒一粒的疹子，呈红色并有溃烂现象。

汗液、尿液使尿布总是处于湿的状态，尿布和皮肤摩擦接触，擦伤皮肤引发炎症。

粪便和尿液长时间与皮肤接触，是造成尿布疹的主要原因。粪便中含有的消化酶溶解了皮肤中的蛋白质，同时尿液中含有的氨使皮肤呈偏碱性，再加上粪便中的消化酶的作用，使炎症越来越厉害，特别是腹泻的时候很容易引起尿布疹。

症状表现

·垫尿布的部位呈红色

垫尿布的部位发炎而呈红色。炎症有时会遍布整个臀部，有时候会出现在肛门周围、腰部、大腿根部。

·症状严重时会有皮肤剥脱的现象

症状表现严重时可见到起水疱、皮肤剥脱并有刺痛感，宝宝在排尿、洗澡时都会因疼痛而哭泣。

月龄低的宝宝的粪便比较稀，排尿次数多，特别是在炎热的夏季或腹泻时被尿布包裹很容易患尿布疹，爸爸妈妈一定要多加注意勤换尿布。

治疗护理

·如果溃烂严重、症状表现持续时间 长应前往医院就诊

如果溃烂严重、皮肤有剥落现象应前往医院就诊。医生一般会给患病宝宝开一些抑制炎症发展的非类固醇药物，如果症状表现严重可能会开类固醇类药剂。涂药时要保持皮肤清洁。

·应保持宝宝臀部清洁、干燥

如果宝宝患了尿布疹，爸爸妈妈一定要注意保持宝宝臀部的清洁，勤换尿布，在宝宝每次排便、排尿后可以坐浴或者淋浴将臀部清洗干净，然后擦干。每次清洗后可以给宝宝涂抹凡士林，这样可以避免粪便、尿液直接接触刺激皮肤。

如果用肥皂频繁清洗可能会破坏皮脂的分泌，每日清洗一次即可。外出时清洗不方便的情况下，可以用湿的纱布或者脱脂棉轻轻擦拭臀部，尽量避免用含有刺激成分的湿巾等擦拭。

皮肤白色念珠菌感染症

发病原因

皮肤受一种叫白色念珠菌的真菌感染引发炎症，表现为臀部、胯部有红色粒状的小水疱或有脓状物的疹子出现。

白色念珠菌经常存在于口腔内部、阴部、皮肤表面。这种菌在人健康的状况下是不会引起疾病的，但是当人体抵抗力下降、皮肤温度或湿度升高时就会大量繁殖引起皮肤发炎。

宝宝臀部、胯部常常发炎就是因为宝宝的体温偏高并且汗液、尿液积聚在尿布中，给这种病菌的繁殖提供了适宜的环境。

症状表现

臀部、胯部出现很多红色细小的湿疹，使皮肤变红并且有溃烂现象。

有时候在肘关节、膝关节内侧，颈部、腋下也会发疹子。仔细观察会发现有水疱状或含脓状物的疹子出现。大腿根部、臀部周围呈红色并开始溃烂。有湿疹的皮肤和健康的皮肤之间的界限清晰分明。

皮肤白色念珠菌感染症和尿布疹的症状表现非常相似，但是不同处在于皮肤白色念珠菌感染症之一是尿布没有包裹到的皮肤，也会有炎症。

如果尿布没有包裹到的皮肤有溃烂的迹象，很可能就是皮肤白色念珠菌感染症，此种情况必须要前往皮肤科或儿科就诊。

治疗护理

观察是否有白色念珠菌，如果发现有白色念珠菌，可以使用加入抗真菌剂的软膏进行治疗。和治疗尿布疹一样，爸爸妈妈要勤给宝宝换尿布，在宝宝排便后清洗臀部，换尿布之前擦干臀部。

涂药时要注意皮肤褶皱里也要涂到。一般1～2周可以痊愈。

单纯性疱疹

发病原因

皮肤黏膜感染了单纯性疱疹病毒（HSV）引起口腔内、唇部出现水疱。单纯性疱疹病毒分为1型和2型。口唇周围出现的疱疹主要是1型。

疱疹病毒感染人体后，多潜藏于神经细胞中，不会立即发病，所以几乎不会有任何症状表现。但是一旦人有发热、疲劳、抵抗力下降的情况则会突然发病。

症状表现

鼻孔、嘴唇周围，眼部周围出现红色疹子、水疱并且有痒痒的感觉，有时会伴随牙龈、口腔发炎。水疱破裂后溃烂，形成溃疡并伴有疼痛感。有时会有发热、淋巴结肿大的现象。

在人患有感冒、精神压力大、疲劳、免疫力下降的时候容易复发，复发部位常常与患病时是同一部位。

治疗护理

如果见到以上症状表现应尽早就医。在医生指导下使用一些抗病毒药物。如果是在口腔内的水疱破裂或者口腔炎变得严重的情况下，可以使用含有麻醉剂的软膏缓解疼痛。

由于疼痛，宝宝没有食欲，吃不下东西，这种情况下看，容易引起脱水的现象，爸爸妈妈应该及时地给宝宝补充水分。也可以给宝宝多吃一些容易咀嚼和消化的布丁、酸奶类食物。

传染性脓痂疹

发病原因

·原因为伤口感染了黄色葡萄球菌

受蚊虫叮咬、汗疹、湿疹等部位被抓破后感染了黄色葡萄球菌而引起的一种疾病。皮肤上发有强烈瘙痒感的水疱并且逐渐向全身扩散，夏天常见，也是宝宝多发的一种较有代表性的皮肤病。

黄色葡萄球菌广泛存在于正常人鼻孔内，对于健康的皮肤是无害的。但是如果受伤的皮肤感染了此种病菌就可能发展成传染性脓痂疹。宝宝的手在挖鼻孔后常常又会抓挠被蚊虫叮咬过的部位，因此比较容易感染黄色葡萄球菌。

水疱中渗出的液体有很强的传染力，如果患部水疱破裂，渗出的液体沾到身体其他部位，就很容易造成水疱大面积扩散。

症状表现

·有强烈瘙痒感的水疱，在很短时间内遍布全身

汗疹、湿疹、蚊虫叮咬处、特应性皮炎被抓破后，伤口受到黄色葡萄球菌感染，而发出很多有瘙痒感的小水疱。水疱破裂后渗出的液体又沾到皮肤的其他部位，其他部位也出现水疱。有的水疱会含有脓状物，并且溃烂。

治疗护理

·在身体出现此种水疱，但还没有遍及全身时就应就诊

如果发现有水疱出现，可以把患部用纱布包扎并尽早前往医院就诊。

医生一般会给患病宝宝开一些含有抗生素的外用药和口服药。如果坚持治疗，基本上在1周左右可以好转。但如果中途停药则很容易复发。抗生素类药物要在医生指导下服用。

· 保持皮肤清洁，
剪短指甲以防止抓破水疱

污垢如果积聚在皮肤上，很容易引起细菌繁殖，因此爸爸妈妈应勤给宝宝洗澡保持皮肤的清洁。每天用杀菌效果比较强的肥皂打出丰富的泡沫，仔细给宝宝清洗1次即可。

为了防止宝宝用手抓破水疱造成病情恶化，爸爸妈妈应剪短宝宝的指甲并勤给宝宝洗手，或者给宝宝戴上小手套。

· 要防止本病传染给身边的人

本病的传染力非常强，因此要尽量避免洗盆浴以防传染给家人，还要避免和家人用同一条毛巾。用纱布包裹住患处虽然可以有效避免传染给他人，但是在疾病还未痊愈的情况下，爸爸妈妈应避免让自己的宝宝和其他小朋友一起玩耍。

宝宝爱生病，妈妈要细心　　**第四章**
Di Si Zhang

宝宝得了
黄疸怎么办

 ## 新生儿黄疸的原因和症状

发病原因

　　胆红素一般被肝脏分解然后排出体外，刚出生的宝宝肝脏功能还未完全成熟，因此还不能正常分解排泄胆红素，胆红素就会沾在皮肤、黏膜上形成黄疸。

症状表现

·出生后2～3日皮肤开始变黄

　　出生后2～3日皮肤、眼白部开始变黄，4～5日达到高峰，然后慢慢开始消失，一般情况下如果只出现黄疸，不用特别担心。

·受到母乳影响，症状可能会延迟出现

　　吃母乳的宝宝受到母乳中含有的β葡萄糖醛酸苷酶的影响，黄疸症状表现会延迟出现，这种症状表现被称为母乳性黄疸。母乳性黄疸的症状表现为皮肤、粪便呈黄色，持续时间在1～2个月左右然后会自然恢复正常。

 ## 新生儿黄疸的治疗护理

　　新生儿黄疸是一种正常的自然生理现象，大部分都会自然痊愈。如果是母乳性黄疸，没有其他异常的症状表现的话也无须换乳治疗。如果宝宝在出生后24小时内出现黄疸症状表现并且现象严重，血液检查的总胆红素值偏高，眼白部的黄色逐渐严重，很可能是溶血性疾病或者血液类型不匹配，需要立即就医。

宝宝爱生病，妈妈要细心 第四章
Di Si Zhang

宝宝得了肺炎
怎么办

　　早春二月，春寒料峭，乍暖还寒，正是小儿肺炎的多发季节，但有时它又与小儿感冒的症状相似，容易混淆。

什么是小儿肺炎

　　肺炎是宝宝最常见的一种呼吸道疾病，3岁以内的宝宝在冬、春季节患肺炎较多，由细菌和病毒引起的肺炎最为多见。小儿肺炎不论是由什么病原体引起的，统称为支气管肺炎，又称小叶性肺炎。

小儿肺炎的症状

　　宝宝得了肺炎主要表现为发热、咳嗽、喘，肺炎的发病可急可缓，一般多在上呼吸道感染数天后发病。最先见到的症状是发热或咳嗽，体温一般38℃～39℃，腺病毒肺炎可持续高热1～2周。身体弱的婴儿可不热，甚至体温低于正常。会有咳嗽、呛奶或乳汁从鼻中溢出，普遍都有食欲不好、精神差或烦躁睡眠不安等症状。重症患儿可出现鼻翼扇动、口周发青等呼吸困难的症状，甚至出现呼吸衰竭、心力衰竭。宝宝还可出现呕吐、腹胀、腹泻等消化系统症状。

如何区分小儿肺炎与感冒

　　小儿肺炎起病急、病情重、进展快，是威胁宝宝健康乃至生命的疾病。但有时它又与小儿感冒的症状相似，容易混淆。因此，爸爸妈妈有必要掌握这两种小儿常见病的鉴别知识，以便及时发现小儿肺炎，及早医治。鉴别它们并不太难，可从以下几点入手：

数呼吸次数

　　宝宝患肺炎时呼吸次数会明显加快，如果0～1个月的宝宝呼吸次数≥60次/分，2个月～1岁的宝宝≥50次/分，1～3岁的宝宝≥40次/分，往往提示有肺炎。

测体温

　　小儿肺炎大多发热，而且多在38℃以上，并持续2～3天以上不退，如用退热药只能暂时退一会儿。小儿感冒也发热，但以38℃以下为多，持续时间较短，用退热药效果也较明显。

看咳嗽呼吸是否困难

　　小儿肺炎大多有咳嗽或喘，且程度较重，常引起呼吸困难。呼吸困难表现为憋气，两侧鼻翼一张一张的，口唇发绀，提示病情严重，切不可拖延。感冒和支气管炎引起的咳嗽或喘一般较轻，不会引起呼吸困难。

宝宝得了肺炎怎么办

　　宝宝感冒时，一般精神状态较好，能玩。宝宝患肺炎时，精神状态不佳，常烦躁、哭闹不安，或昏睡、惊厥等。

看饮食

宝宝感冒，饮食尚正常，或吃东西、吃奶稍微减少。但患肺炎时，饮食显著下降，不吃东西，不吃奶，常因憋气而哭闹不安。

看睡眠

宝宝感冒时，睡眠尚正常。但患肺炎后，多睡易醒，爱哭闹；夜里有呼吸困难加重的趋势。

听宝宝的胸部

由于宝宝的胸壁薄，有时不用听诊器，用耳朵听也能听到水泡音，所以爸爸妈妈可以在宝宝安静或睡着时在宝宝的脊柱两侧胸壁仔细倾听：肺炎患儿在吸气末期会听到"咕噜""咕噜"般的声音，称之为细小水泡音，这是肺部发炎的重要体征。小儿感冒一般不会有此种声音。

经过上述方法，如果出现其中大部分情况，即应怀疑宝宝得了肺炎，应及早到医院就医。

 肺炎居家护理

冬季是幼儿肺炎的高发季，宝宝患了肺炎，如果医生认为不必住院，那么在基本的药物护理之外，家庭护理细节就变得至关重要。

观察体温	基本上保证每两小时测一次体温，有持续上升现象应引起重视
观察啼哭状况	如果哭闹不止，烦躁不安，然后昏睡不醒，要即刻送医院就诊
观察呼吸	如果呼吸急促、困难，口唇四周发绀，面色苍白或发绀，说明已缺氧，应立刻就诊

第四章
Di Si Zhang

宝宝爱生病，妈妈要细心

宝宝的耳朵
不容忽视

 ## 耳、鼻、喉相关疾病的基础知识

耳朵是听声音、保持身体平衡的器官

耳朵除了听声音，还是保持身体平衡的器官。对于宝宝来说，听觉是5种感官中最早发育成熟的部分。宝宝在出生不久后就已经能清楚地听到声音。

耳朵的构造中鼓膜、耳小骨、三半规管等在宝宝出生时就已经发育成熟，但中耳和耳管到宝宝7岁才发育成熟。

有防止异物侵入的功能

鼻和喉是呼吸器官和消化器官的入口。鼻子将吸入的空气的湿度和温度都调节好然后送入肺部，同时还有阻止空气中的细菌灰尘进入肺部的功能。

喉的最下端是声带，这既是发声的重要器官，同时也有着防止异物进入气管的重要作用。

鼻和喉是身体的第一道防御线，如果有异物想要侵入身体，它们会反射性地打喷嚏、呕吐以阻止外来异物。

随着宝宝的成长，各种问题也在减少

宝宝的耳、鼻、喉都还处于发育阶段，而且抵抗病毒、细菌的免疫功能还很脆弱，因此宝宝很容易患上感冒（急性上呼吸道感染）、中耳炎。但是随着宝宝的成长，这些器官也逐渐发育完善，免疫力不断提高，就不太容易患相关疾病了。

急性外耳炎

发病原因

这种疾病是从外耳到鼓膜之间的外耳道发炎，致病原因多为湿疹、细菌感染，少数是真菌感染所致。

症状表现

患者感觉耳朵痒痒并且有少量脓状物流出，严重的情况下会结块并且肿大，破裂后有混着血迹的脓状物流出，宝宝会感觉非常疼痛。

治疗护理

可以带宝宝到耳鼻喉科清洗耳朵内部，根据症状使用一些抗生素类药物和含有类固醇的软膏或口服药物。在痊愈之前不要带宝宝去游泳或者玩水，防止耳部有水进入。

急性中耳炎

发病原因

这种疾病是由于鼓膜内侧的中耳受到细菌感染所致。感冒时侵入喉咙和鼻腔黏膜的细菌通过耳管进入中耳是致病的主要原因。宝宝的耳管相对比较粗并且短，感冒的时候细菌很容易在上呼吸道繁殖导致细菌进入中耳引起发炎。5岁之前的宝宝比较容易患此病，到上小学的时候患病的几率就大大减小了。

症状表现

最初可见发热、咳嗽、流鼻涕等感冒症状。之后发展成高热，宝宝会因疼痛不断地摸耳朵，听力可能还会受到影响。随着症状的恶化，中耳开始流出脓状物，鼓膜破裂并有黄色耳漏流出，耳漏流出后疼痛症状消失。

治疗护理

·如果脓状物积存在耳内，则需要切开鼓膜进行治疗

如果爸爸妈妈发现宝宝在感冒之后还持续发热，并且有经常用手擦碰耳朵或者碰触时有痛感等症状，应该带宝宝前往耳鼻喉科进行检查，这很可能是中耳炎。

在出现耳漏之前，可以给宝宝服用抗生素类药物或者使用一些治疗耳部疾病的外用药消炎。如果宝宝的疼痛感强烈，可以使用一些镇痛剂、退烧药。

耳漏如果不能自然流出而积存在中耳就会引起剧烈的疼痛，这时需要切开鼓膜取出脓状物。手术后坚持治疗，切开的鼓膜会自然再生。

疼痛剧烈的时候可以使用湿的冷毛巾敷在耳朵后部减缓痛感。如果有耳漏流出在耳内结块，可以用热的湿毛巾润湿取出。在经医生允许后方可给宝宝洗澡。

·一定要遵医嘱按时服药

宝宝患中耳炎很容易因为感冒反复发作而导致更严重，因此要遵照医嘱在疼痛症状消失后还要继续服用一段药物防止再次复发。

慢性中耳炎

发病原因

慢性中耳炎没有完全治愈，鼓膜破裂的孔洞也没有愈合，中耳由于被细菌感染渐渐发展成慢性的。

症状表现

耳部的疼痛逐渐消失，但是宝宝的听力却明显感觉退化，对声音的反应非常迟钝。症状继续发展有耳漏流出。

治疗护理

　　坚持给宝宝服用抗生素类药物，如果症状不见好转，可以等宝宝到了8～10岁耳管发育完全时，进行手术治疗。在给宝宝洗澡时一定注意不要让水进入耳朵里面。

分泌性中耳炎

发病原因

　　由于某种原因渗出的液体积存在鼓膜的内侧导致听力减退。没有耳漏、疼痛、发热等明显的症状，很不容易被发现。

症状表现

　　听力逐渐减退，对声音的反应变得不敏感。

治疗护理

　　可以使用抗生素类药物，或者进行鼓膜切开术取出渗出液体。如果还不见好转，可以在切开的鼓膜上固定一根2毫米左右的细管作为渗出液体流出的通道。

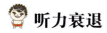 **听力衰退**

发病原因

大约每1 000个人中就有1个人听力存在障碍，原因有很多种，遗传影响、妈妈在怀孕时感染了风疹病毒、早产、中耳炎、腮腺炎等都可能造成先天或者后天的听力障碍。

症状表现

宝宝的症状表现为对声音的反应迟钝，从背后叫也不会回头，看电视时即使把音量调的很大也坐的离电视机很近。

治疗护理

爸爸妈妈如果发现宝宝的听力有障碍，应及早带宝宝前往耳鼻喉科进行检查。耳聋可以分为由外耳、中耳疾病所引起的传导性耳聋和由内耳听觉器官或听神经病变引起的神经性耳聋。传导性耳聋一般会随着外耳、内耳的疾病治愈而自然好转。神经性耳聋基本上没有办法治愈，早期发现和进行语言训练是关键。

 耳壳变形

发病原因

耳朵由于形状比较复杂，宝宝在出生时会有各种变形现象发生。

症状表现

副耳是耳朵前面到脸颊之间的突起物。突起内含有软骨组织，这种变形仅存在于耳部外侧，内部并没有异常形态。

先天性耳瘘孔是耳朵前部先天在出生时就有一个孔洞，这称为先天性耳瘘孔。孔洞方向朝着耳孔，孔洞内分泌出的耳垢呈白色。

折耳、环状耳、立耳。折耳是耳郭折下来向下垂。环状耳是耳郭蜷曲，上半部折的形状比折耳还要严重，外形像个杯子。立耳是耳郭很平，几乎呈平板状。

小耳症这种疾病指没有耳朵或者耳朵很小。有的患者仅仅有耳垂，有的没有耳孔。感音的内耳是正常的，但是由于没有外耳道、鼓膜，无法听到声音。

治疗护理

耳壳变形的治疗方法要根据患者的症状决定。

对于副耳，如果副耳很小，可以用线系在上面除去副耳。如果有软骨组织并且副耳根部比较粗，可以选择手术摘除。

先天性耳瘘孔可以暂时先进行观察，如果孔洞处有反复感染的情况，可以考虑手术进行修复。

折耳、环状耳、立耳都可以选择手术进行治疗。

单侧发生小耳症时，另一侧耳朵可以正常听到声音，对日常生活没有太大影响。如果是双侧同时发生，则需要佩戴助听器。

听力障碍

发病原因

单独发生在外耳道，和中耳的畸形。可导致传导功能的丧失，单独中耳畸形的儿童，可发生先天性感觉神经性听力丧失。

症状表现

听力丧失可发生在任何年龄，1/800～1/1 000的新生儿，在出生时有严重和极度的听力丧失。在儿童期，另有2/1 000～3/1 000的儿童，有后天性的中度到重度的进行性或永久性听力丧失。许多青少年因为过度暴露于噪音中或头部损伤，而有发生感觉神经性听力丧失的危险。

耳朵包括外耳、中耳、内耳和听神经。听觉正常，还必须有健全的大脑。

在正常情况下，3个月以内宝宝突然听到声音，会出现眨眼、皱眉，还可能伴有握拳、蹬腿或全身抖动，这是一种听性反射活动。3～9个月的宝宝，突然听到声音，会转过头来，脸朝向声音的方向。9个月的宝宝，已经可听懂呼唤他的名字。10个月的宝宝会牙牙学语，有时能叫出妈、爸等单词。1岁半的宝宝，听到小鼓或铃声，会转过头来寻找玩具或仰手抢夺。2岁半的宝宝，只要智力正常，可以配合耳科医生，做各种游戏测听。

治疗护理

·应对方法

所有听力丧失儿童应做语言能力的评价，并通过适宜的治疗纠正语言障碍。出生后第一年是语言发育的关键时期，因为儿童必须从聆听语言直至自发地学说话。耳聋儿童只有通过特殊训练才有语言的发育，最理想的是从诊断为听力丧失时就开始。

由中耳炎导致传导性听力丧失者，可通过助听器或外科手术来改善，减轻充血剂和抗生素不能改善这些儿童的听力丧失。

感觉神经性听力丧失可通过各种助听器得到帮助，在诊断后尽可能早地安装助听器。

·家庭护理方法

积极防治中耳炎，及早治疗鼻炎、鼻窦炎等疾病；夏天游泳时，要防止外耳道进水或鼻子呛水。婴幼儿哺乳时要注意姿势，不宜一次进食太饱，或者口含橡胶奶嘴睡觉，因为这样容易引起呕吐，从而引起中耳炎的发生。

预防外耳道耵聍栓塞，定期到医院检查或自我检查，一旦发现双耳耵聍较多，应到医院检查。

尽量避免使用有耳毒性的药物。对于突发性耳聋的防治，由于其原因不明，暂无很好地预防方法。唯一可行的是及早发现，及早治疗。

宝宝爱生病，妈妈要细心

如果宝宝得了
过敏性疾病

 你不知道的过敏性疾病的基础知识

身体排除异物功能过于活跃

人体内有一种排斥来自外界异物的功能。体内一旦有异物进入，会产生与之对抗的"抗体"，下一次同样的异物再次侵入体内，就可以将异物驱逐出体外。这种功能我们称为"免疫"。免疫对于人来说是抵抗疾病和病菌必不可少的。

但有时候免疫力也会驱逐那些对人身体无害的物质，而引起身体上的不适。这种身体上的不适可以称为"过敏"，引起这种过敏的物质称为"过敏原"。"过敏原"广泛存在于我们的身边，有时候相同的过敏原却引起不同的症状表现。

一般那些被称为"过敏性"的疾病，很多都还伴有其他的病因。过敏反应也是因人而异的。

很多物质都可以称为过敏原

过敏原并不一定是特定的物质。我们身边的食物、灰尘都可能称为过敏原。

虽然我们的肉眼看不到，但是它们却在空气中飘浮，通过鼻、口的呼吸进入体内。除此之外，还比较常见的是特定的食物过敏以及对于宠物的皮屑过敏。

有的宝宝体质很容易过敏

容易得过敏性疾病的体质我们称为"过敏性体质"。具体指其家庭成员比较容易得过敏性疾病或者血液中IgE抗体（容易引起过敏的物质）较多，很大一部分和遗传有关系。

过敏性体质并不是一种疾病，也不是只有过敏性体质的宝宝才会过敏，很多不是过敏性体质的宝宝也会有过敏症状表现。

并不是所有的过敏情况都会发展成为过敏性连锁反应症

过敏性症状的表现随着人的正常生理成长，可能会发展成为"特异反应性皮肤炎→过敏性鼻炎→支气管哮喘"等一系列疾病。这种情况被称为过敏性连锁反应症，抗原体也会从鸡蛋、牛奶等物质转变成为壁虱。

不是所有的宝宝都会有过敏性连锁反应症，很多时候只要根据症状表现进行治疗，到一定的时期，过敏症状会自然消失。

过敏性疾病的预防

如前所讲，过敏性疾病的原因通常是由于体质或者过敏原造成的。要想改变体质应该说是很难的，但是可以通过尽可能减少环境周围的过敏原来减少患病的概率。特别是在幼儿期，充分注意食物的选择、保持皮肤清洁、减少环境周围可能引发过敏反应的过敏原都可以有效预防过敏性疾病。

人体内具有的组织引起过敏症状表现

体内进入过敏原	过敏性体质的人如果体内有过敏原进入，就会制造大量IgE抗体（引起过敏的物质）
黏膜的肥大细胞上附着有IgE抗体	IgE抗体附着于皮肤、鼻黏膜、呼吸道等部位的肥大细胞上
新进入体内的过敏原和抗体结合	新进入体内的过敏原和附着于肥大细胞上的IgE抗体结合在一起
肥大细胞释放出化学物质	肥大细胞释放出化学物质，会引起各种各样的过敏性症状

猫　　　　　　　　蜂蜜　　　　　　　　鸡蛋　　　　　　　　牛奶

随着年龄的增长过敏现象会减少

低月龄的宝宝对于鸡蛋、牛奶过敏的比较多，而到了1岁则有很多宝宝对于蜱螨过敏。随着年龄的增长，对于食物过敏的现象会逐渐减少，有的宝宝到了6～7岁，过敏性症状会自然消失。只要宝宝没有其他严重症状出现，爸爸妈妈无须过度担心。

特应性皮炎

发病原因

特应性皮炎是过敏性皮炎的一种，其特征为皮肤干燥并伴有慢性皮肤瘙痒和湿疹。早期发病症状表现通常出现在宝宝出生后2～3个月左右，首先是脸部、头部出现湿疹，逐渐向腹部、背部扩散。

医生在没有看到全部发病经过时很难做出正确诊断，因此对于月龄比较低的宝宝可能刚开始时被诊断为宝宝湿疹，随着病情的发展诊断为特应性皮炎。

特应性皮炎发病很多，是由于宝宝体质属于过敏性体质，但也并不是所有的过敏性体质的宝宝都会得特应性皮炎。

患有特应性皮炎的宝宝皮肤很容易干燥，并且皮肤的屏障功能减弱，很多对于健康皮肤来说根本不是刺激的刺激也会产生反应。本身容易过敏的体质，再加上皮肤的干燥，受到汗液、灰尘的污染，就很容易发展成为特应性皮炎。

症状表现

皮肤会出现慢性的伴有强烈瘙痒感的湿疹和干燥现象。可以看到由于皮肤干燥脱落的白色皮屑和红色细小的湿疹。皮肤可能会有溃烂流脓或者粗糙变硬的现象，且有瘙痒感，用手抓破后还会使病情进一步恶化。

治疗护理

·遵照医嘱使用涂剂

皮肤有瘙痒感的湿疹出现或者疑似是特应性皮炎，应前往儿科或者皮肤科就诊。治疗主要以涂剂为主。常用药有类固醇外用药和非类固醇外用药、保湿药物3种。关于口服止痒药物应遵照医嘱谨慎使用。

·保持皮肤清洁、环境舒适，做好长期治疗的准备

日常生活中的清洁工作是非常重要的，比如打扫房间时要仔细清理灰尘、壁虱，经常晾晒被褥。另外，洗澡之后可以涂一些保湿霜防止皮肤的干燥。

特应性皮炎经常会复发，因此完全治愈需要很长一段时间。爸爸妈妈要仔细观察宝宝的症状表现，注意护理并要做好长期治疗的心理准备。

 ## 食物过敏

发病原因

食物过敏是一种对特定食物有过敏反应的症状表现。体内免疫系统把摄入的食物看作异物而要将其排出体外，从而引起疾病。通常症状表现为湿疹、荨麻疹、腹痛、流鼻涕等。从摄入可以引起过敏反应的特定食物到表现出症状的时间是因人而异的。

宝宝对食物的过敏反应大部分是因为自身肠道、消化功能弱，免疫功能发育不全造成的。因此任何食物都可能引起过敏反应，最常见的过敏原有3种，分别为鸡蛋、牛奶、小麦。

症状表现

食用引起过敏的食物之后，常见的症状表现为伴有瘙痒的湿疹、和荨麻疹很相似的发疹，有时候还会有恶心、呕吐、腹泻等症状表现。除此之外有的人还可能会出现哮喘、流鼻涕、口周围及口腔内痒等症状表现。

在食用了引起过敏的食物后，有的人可能立即出现过敏反应，有的人可能在1天或1天以后才出现症状表现。有一种情况很少见，就是急性重过敏症（详细说明请见下面的专栏解说），过敏反应非常强烈，一定要引起重视。

治疗护理

·找到并远离过敏原

最根本的治疗方法是不食用有过敏原的食物。这种除去法可分为两种，一种是不食用含有过敏原食物的完全除去法，另外一种是少量食用含有过敏原的不完全除去法，可以根据医嘱选择。

为保证宝宝的健康成长，爸爸妈妈就必须要考虑到他饮食的营养性和均衡性。不能根据妈妈的判断就单纯限制或者不食用某种食品，应听取医生的意见之后再选择食物。

·有的症状可以采用药物治疗

在必须要除去的食物种类繁多，或者无法采取完全除去法的情况下，可以辅助使用一些抗过敏的药物。

·容易引起过敏的食物

鸡蛋、牛奶、海产品、豆类、小麦是最容易引起过敏的5种食物，需要特别注意。但是也不能随意限制食物的摄取，如果担心食物过敏，可以在宝宝换乳期之后再喂这些食物。可以先少给宝宝吃一些这样的食物，然后仔细观察宝宝身体是否有什么异常的生理反应。

除此之外，还有一些食物很容易引起瘙痒，应该在宝宝到3岁以后再给宝宝吃。这些食物包括：

1	菠菜、草莓、茄子等含有组胺物质成分，一旦食用很容易引起和过敏相似的症状表现
2	山药、芋艿、猕猴桃、杧果等很容易引起发皮炎，沾在嘴角引起瘙痒
3	咖喱等佐料、冰激凌等甜品容易诱发瘙痒

支气管哮喘

发病原因

支气管哮喘是由于支气管发炎变得狭窄，造成无法正常呼吸的一种疾病。其特征是没发作时正常，但是一旦发作就会有剧烈的咳嗽、呼吸不顺畅，吐气时会有像吹笛子似的发出"呼呼"的声音。

大部分的支气管哮喘都是由于支气管受到灰尘、蜱螨、真菌、花粉、宠物的毛等过敏原的刺激，使支气管收缩、黏膜肿大变得狭窄而引起的。同时痰的增多也会使呼吸困难引发哮喘。

除此之外，疲劳、精神压力过大、感冒、空气污染、剧烈运动等都可能诱发哮喘。严重的情况下哮喘发作导致呼吸困难，氧气供应不足甚至危及生命。

症状表现

症状表现根据发作的程度可以分为3个阶段：

1.小发作

咳嗽、呼吸变得比较急促，可以听到轻微的"呼呼、嗞嗞"的喘鸣声。吸气相对比较轻松，呼气时觉得不顺畅。

2.中发作

可以听到清晰的喘鸣声，吸气次数增加，呼吸急促。睡眠中呼吸不顺畅，偶尔会睁开眼睛。并且表现得没有精神，食欲不佳。

3.大发作

"呼呼、嗞嗞"的声音越来越明显，呼吸困难，呼吸时胸、喉咙下陷，嘴唇指甲呈紫色有发绀现象。

支气管哮喘常常在夜间或者黎明发作。另外，看起来要好转的时候支气管通常很敏感，稍微有一点刺激就会再次发作。如果发作持续时间长、脸色差、有发绀现象必须立即就医。

治疗护理

·正确用药可以预防发作

哮喘发作在医院接受检查的时候一定要彻底查明过敏原。治疗方法主要有消除气管炎症、气管扩张（支气管扩张剂）两种。应遵照医嘱用药预防哮喘。

·呼吸顺畅也要加强护理

哮喘发作时，最好坐起来而不要躺着，可以背后垫一个靠垫，解开衣服扣子，不时地补充水分，可以使痰更容易吐出来，而且有抑制咳嗽的效果。

·保持室内清洁

诱发支气管哮喘发作的原因包括灰尘、蜱螨、猫狗的毛皮屑、头发等。要预防发作，就要仔细清理，保持室内环境整洁，经常开窗通风换气。

被褥应经常晾晒保持干燥，用吸尘器吸净灰尘。

另外，应避免在宝宝的房间吸烟，尽量减少烟对支气管的影响。

荨麻疹

发病原因

皮肤的某个部位出现有瘙痒感的红色发疹现象。发疹大小不一，表面平滑且逐渐扩大。荨麻疹有时候还会出现在口腔内、喉咙等部位。

宝宝食物过敏的最初症状表现常常是宝宝身上出现荨麻疹。但引起荨麻疹的原因有很多，包括服用的药物、日光、汗、气温变化、抓挠皮肤等物理刺激。

症状表现

皮肤突然出现有瘙痒感的红色疹子，大小形状各异。开始的时候可能只是很小的一片，逐渐面积扩大。从发疹开始到消失可能持续数小时或者数日并且伴有瘙痒感。

反复出现的发疹现象如果在1周内消失为急性荨麻疹，持续1个月以上为慢性荨麻疹。

治疗护理

大部分荨麻疹都会自然痊愈。症状表现如果轻微可以先在家观察一下，用湿毛巾冷敷发疹部位可以抑制瘙痒。

医生可能会开一些抗组胺的口服药剂，服药后症状表现会减轻，但是可能会反复发疹，爸爸妈妈不能凭自己的判断给宝宝停药。还是要遵照医嘱找出过敏原进行对症治疗。

过敏性鼻炎

发病原因

由于过敏引起的鼻部黏膜发炎，症状表现为流鼻涕、鼻部瘙痒、鼻塞等。与感冒症状表现非常相似，但是没有发热、咳嗽、喉咙疼痛等症状，短期内不会好转。

蜱螨、灰尘、宠物的毛、皮屑、花粉等都可以称为过敏原。

宝宝如果出现流鼻涕、鼻塞等症状表现，很难判断是否为过敏性鼻炎，只有等到2岁后才能确诊。

症状表现

持续流透明水状鼻涕、打喷嚏、鼻塞。

宝宝还不太会用口呼吸，如果鼻塞严重就会感觉呼吸困难，还会影响睡眠。

如果宝宝感觉到鼻子痒，可能还会伴有擦拭鼻子的动作，眼部出现瘙痒或充血的现象。

治疗护理

医生会开一些减缓症状表现的抗过敏药物、抗组胺的口服药。

治疗的同时一定还要注意保持周围环境的整洁。主要是清除干净可能成为过敏原的壁虱、灰尘，还要经常晾晒被褥，因为被褥里可能存留灰尘或蜱螨的尸体。清洁时最好使用吸尘器。另外在室内摆放空气净化器也能减少空气中可能飘浮的过敏原。

宝宝爱生病，妈妈要细心

第四章
Di Si Zhang

宝宝发生意外
妈妈不必惊慌失措

 家庭基本急救措施

如何进行人工呼吸

先确定宝宝是否还有呼吸，将脸靠近宝宝的嘴边，确认宝宝是否还有呼吸。

·人工呼吸

如果宝宝不到1岁

盖住宝宝的嘴和鼻子，注意吹气的频率，按照3秒1次，1分钟20次的频率口对口吹气。

如果宝宝1岁以上

捏着宝宝的鼻子，口对口以4秒1次，1分钟15次的频率吹气。每次吹气的时候都要注意宝宝的胸部是否有膨胀，一直持续到宝宝能独立自然呼吸为止。

·注意心跳

要注意观察宝宝的身体是否有轻微动作，突然咳嗽，有没有要自己呼吸的举动。对于1岁以上的宝宝还可以用示指和中指共同按在宝宝的脉搏上，对于1岁以下的宝宝可以放在他的静脉上感觉。

小贴士

如何使用心脏起搏术：

1.对于1岁以上的宝宝

用力按住他的胸骨下端往上两个手指宽度的地方，也就是他胸部下凹3厘米处。频率控制在1分钟100次左右，同时左手捏住宝宝的鼻子以1次人工呼吸，5次心脏起搏术的频率同时交替进行，直到宝宝恢复知觉，开始有心脏跳动为止。

2.对于1岁以下的宝宝

找准他左右乳头的中间点，这个点往下一个手指的宽度从正上方向下按，因为宝宝的新陈代谢比成人要快，所以脉搏跳动也比成年人快，所以要以1分钟100次的频率进行抢救。压的深度为从正上方向下压2厘米。

如何止住大量流血

宝宝大量出血后，会陷入非常危险的状态，这时要求爸爸妈妈必须镇定地进行急救。

·大出血时

如果伤口裂开并且大量流血，可以用纱布覆盖住整个伤口，从正上方用力压住伤口，同时尽量把宝宝的伤口抬到比心脏高的位置。

·一般方法无法止血时

如果继续流血不止的话，把伤口提到比心脏高的位置，在距离出血处大概3厘米的地方开始绑绷带，绑完绷带后，打一个松结儿（如果没有绷带的话可以用围巾或者是丝袜代替，但是一些会伤害到宝宝皮下神经的绳子就不要用了），再在打结处插上一根一次性筷子或者是其他类似的棒状物体，然后再打一个松结，最后请转动棒子，借助转动棒子的力来帮助宝宝止血。

擦伤

擦伤是宝宝最容易受到的伤害，首先要清洗伤口。处理的方法不同，治愈的情况也不同。

紧急救护措施

·冲洗伤口

可以用自来水或者生理盐水清洗伤口上的泥沙，请注意，千万不能用力揉搓。

·如果出血，请先止血

止血时要用干净的纱布多叠几层，用力压住出血的伤口来止血（不要过于用力）。

·对伤口消毒

可以用消毒液或者是双氧水直接消毒伤口。在消毒伤口时会有沙子等脏东西随着泡沫一起浮出伤口，这个过程中可能会有些疼痛，要安慰宝宝的情绪，同时用纱布擦干净伤口，可以防止伤口感染。

·涂预防化脓的药物

在伤口上为宝宝涂上防止化脓的药物，把纱布多叠几层敷在伤口上保护伤口，再缠上绷带固定纱布。如果一般的小伤口，只要贴上创可贴就可以了。

需送医院处理的情况

脸上有严重擦伤	脸上的皮肤比较细嫩，而且宝宝发生擦伤时常常会头部先着地，这时眼睛周围或脸上的伤口可能会留下疤痕，为了小心起见，简单处理后应该带宝宝去小儿外科、眼科就诊
伤口会引起化脓	如果伤口一直潮湿不干，特别当宝宝是在水沟或者不干净的地方擦伤，细菌会侵入皮肤，所以要特别提防伤口的化脓
如果发生跌伤	擦伤的同时经常伴随跌伤，宝宝幼小的身体被强烈撞击后，可以采取冰敷的办法消肿，如果宝宝感觉疼痛难忍的话，就要带他去看外科或骨科
宝宝一直疼	有时候的情况是，当伤口好了宝宝却还是疼痛难忍的话，很可能是伤口中留有玻璃或者是石头等。所以千万不能大意，要到医院外科就诊
伤口有异物无法取出时	当爸爸妈妈处理伤口时，伤口中如果留有泥沙、玻璃碎片等小东西，如果用水或者是生理盐水冲洗还拿不出来的话，千万不要硬性拿出或者使劲揉搓伤口，这样反而会十分危险，这时要迅速带宝宝去医院外科就诊

预防常识

·让宝宝养成好习惯

时常叮嘱宝宝，将预防意识灌输给宝宝。比如选择适合小宝宝玩的玩具，叮嘱他们玩完玩具要小心。特别是在户外活动时，要时常提醒他注意安全，不要因逞能而伤害自己。还要时常检查宝宝的玩具是不是有损伤或者是有障碍物会伤害到宝宝。

小贴士

如果给宝宝包扎的纱布或是创可贴脏了就需要更换，每天在宝宝睡觉前需要给宝宝的伤口进行消毒。因为宝宝对疼痛的感觉比较敏感，尤其在洗澡时，即便是小伤，宝宝也会感觉非常痛。所以爸爸妈妈在照顾受伤宝宝的时候应尽量小心，减轻宝宝的疼痛感。

刺伤、割伤

刺伤和割伤常常伴有出血的状况，所以首先要稳定宝宝的情绪，避免因为惊慌给宝宝带来心理上的伤害。

紧急救护措施

·当伤口比较浅时

先用清水或者双氧水消毒，然后用纱布多叠几层，敷在伤口上帮助宝宝止血。消毒之后贴上创可贴就可以了。

·如果有刺，先拔刺

首先要拔刺。如果刺是露在外面的话，可以借助用具拔出来。如果刺是陷入在肉中的，要用消毒过的针挑出来。做以上的处理时，一定要给宝宝一边拨弄伤口一边消毒，如果使用针挑出刺，要先压住伤口的周围，将血及脏东西挤出后再接着消毒。伤口处理后，用创可贴贴上伤口就可以了。

·当伤口比较深时

用重叠几层的消毒纱布敷住整个伤口，并用力压住伤口（但是不能过于用力），同时将宝宝的伤口抬到比心脏更高的位置，这样可以把血止住。如果这些方法仍然不能把血止住的话，要立刻叫救护车或者带宝宝去医院。

需送医院处理的情况

当宝宝的头部或眼周被割伤时	宝宝脸部的皮肤比较细嫩，当头部或眼周被割伤时，如果处理不当，可能会留下疤痕，为了小心起见，简单处理后应该带宝宝去小儿外科、眼科就诊
当伤口潮湿一直不干时	很有可能是化脓了，也需要立即送宝宝去外科就诊
伤口很疼时	如果尖锐物或者是玻璃碎片遗留在伤口里，宝宝会觉得非常的疼痛，千万不要试图用力挤出，如果有残留物在伤口中会有破伤风的危险，所以要立即带宝宝去医院
被玻璃或钉子扎到时	当宝宝被玻璃或者是钉子扎到时，不要试图拔除钉子，要在伤口周围裹上干净的纱布，防止钉子、图钉等异物的移动，要立即带他去外科就诊

预防常识

宝宝调皮会引起一些磕碰是经常的事情，但是如果一旦出现伤口很深、很大的情况，就要求爸爸妈妈注意。比如彻底将剪刀、刀片等一些锋利危险物品放在宝宝够不到的地方，及时检查家里的设施（门、窗、柱子）是否有木头断裂、起皮的地方。尤其是保证一些钢铁设施不会危及到宝宝安全。

小贴士

主要不要把伤口弄湿，如果弄湿了，好不容易愈合的伤口有可能会再度裂开。如果需要给宝宝洗澡，可以改用擦澡或是淋浴的方式避开伤口。

撞到头部

当宝宝撞到头部时要及时查明他的状况和症状。比如，他是在哪里撞到的，撞到了什么地方，用力撞到的还是轻轻碰到的。

紧急救护措施

·把宝宝抱到安静的地方，让他平躺

如果宝宝的意识清醒，在受伤后立刻哭出来的话，就没有大问题。爸爸妈妈需要做的是首先稳定宝宝的情绪，以防他伤后受到惊吓，把他抱到安静的地方，让他平躺下来，用枕头把他的头部垫高。

·伤口出血时

如果宝宝伤口出血过多，要稳定住宝宝的情绪，而且也要保持自己情绪的镇定，冷静地确认伤口，找些厚纱布或者是干净的毛巾用力压住伤口（但是不要过于用力）。如果宝宝一直流血，要立即叫救护车！

·冰敷肿块

宝宝头部受到碰撞后，不要用手去揉，而应该立即用用湿毛巾冰敷伤处，并稍用手按压，以免血肿形成，但是如果肿块越来越大，而且肿得很明显的话，就要及时送往医院就诊。

·当宝宝感觉想吐时

让宝宝平静下来后，观察他是不是有想吐的感觉，如果严重地呕吐，要立即带宝宝去医院。

需送医院处理的情况	
头部凹陷	当宝宝被撞倒头部出现凹陷时，立刻叫救护车
对于1岁以下的宝宝	当宝宝头部的伤口止不住血时，立刻叫救护车
叫宝宝名字却没有反应	等待的过程中，为了防止失血过多，可以用厚厚的纱布用力压住宝宝的头部，如果宝宝昏过去，可以试着在他的耳边叫他的名字，轻轻拍打他的肩膀，如果他没有任何反应，要把他的脸侧转，防止呕吐食物堵住气管
呕吐不止	当宝宝撞到头部后出现反复呕吐的情况时，立即叫救护车，在等待救护车过程中，可以将宝宝的脸侧转，这样可以防止呕吐出来的东西堵住气管
痉挛	当宝宝出现痉挛的情况时，立即叫救护车

预防常识

时刻提醒宝宝"文明走路，不跑不打闹"；还要从宝宝的身材角度考虑，为他制作适合他的游戏用具，在上下楼梯等容易出现事故的地方设置好围栏；另外，爸爸妈妈们要时刻敏锐地观察家中是否有尖锐的容易伤害宝宝的玩具、家具等。

小贴士

撞到头后，宝宝可能会过段时间之后才开始不舒服，所以爸爸妈妈要注意观察宝宝的食欲和情绪，如果宝宝出现反复呕吐的情况要及时去医院就诊。

跌伤

如果是轻微的跌伤，给宝宝冰敷伤处就可以了。如果宝宝的胸部、腹部、脖子或者是背部受伤并且出血的话，要立即检查，依情况而定，决定是否去医院检查。

紧急救护措施

·当手脚跌伤时

（1）清洗伤口并给伤口消毒。如果有伤口，先用清水或者是双氧水来冲洗伤口。接着消毒并覆盖上纱布，再绑上绷带，以保护伤口，最后可以再冰敷伤口以减轻宝宝的疼痛。

（2）冰敷跌伤处。如果有伤口的话，可以用冰袋敷在伤口上，如果没有伤口，以冷水弄湿毛巾，直接冰敷患部就可以了。

如果是用冷敷，皮肤较敏感的宝宝可能会发炎，所以可以使用冰毛巾或是冰袋帮宝宝冰敷患部。

·当撞到腹部时

首先，让宝宝平躺，帮宝宝把腹部紧裹他身体的衣服脱下，然后，让宝宝抱着膝盖侧躺，或是平躺并把脚抬高，躺着时尽量让宝宝舒服。如果这样能使宝宝疼痛逐渐地消失，而且过一会儿宝宝也能像平常一样行走的话，宝宝的身体应该没有什么事情了。

·当撞到胸部时

可以让宝宝靠在墙壁上，避免压迫到胸部，并且能保持轻松呼吸的姿势。如果是左右有一边感到疼痛的话，可从疼痛的那一边朝下横躺，这样可以减缓他的疼痛。

需送医院处理的情况	
伤口肿大	如果宝宝的伤口已经冰敷，却不见好转，而且越来越严重的话，这时立即带着宝宝去医院外科就诊
两天后依然疼痛	如果宝宝跌伤后两三天仍然不好，一直喊疼，或者是伤口不见好转而且恶化的话，这可能是骨折了，要立即带着宝宝去医院就诊治疗
从高处跌落	撞击脖子或者背部的力量很大
宝宝腹部感到疼痛时	宝宝摔伤后感到腹部疼痛，出现冒冷汗、呕吐等症状。如果有强烈或者多次呕吐的症状时，要立即就医
胸部受伤时	如果是胸部疼痛难忍，可能是肋骨骨折；如果宝宝剧烈地咳嗽，或者是出现咳血、咳痰，这时可能是伤到了肺部，要立刻叫救护车
丧失意识	剧烈咳嗽，并有血丝

小贴士

　　爸爸妈妈需要注意观察，宝宝可能会在过段时间之后才开始不舒服，所以要注意观察宝宝的食欲和情绪，如果出现反复呕吐的情况要及时去医院就诊。

脱臼及扭伤

脱臼和扭伤很难与骨折区分。如果没有办法确定具体状况，就需要去医院就诊。而且脱臼和扭伤如果处理不当，也很难痊愈。所以爸爸妈妈如果发现宝宝身体不对劲，就要仔细询问具体情况，千万不能大意。

紧急救护措施

· 对扭伤的处理

（1）冰敷

首先用冰水将毛巾浸湿或用毛巾包住冰块进行冰敷。

（2）固定患处

然后用有弹性的绷带将伤处固定得紧一点（但不要过紧，只要让伤处无法移动即可），同时将冰敷于绷带上。

（3）抬高患处、稳定情绪

冰敷过程中，将宝宝的患部抬高，尽量稳定他的情绪，让他安静地休息。

· 对于脱臼的处理

（1）确认部位

判断伤处的过程中动作一定要轻缓，不要用力弯曲宝宝的关节。

（2）夹板固定

可以用夹板绷带轻轻地将患处固定，保护脱落的关节。

（3）冰敷

在去医院的过程中，为了减缓宝宝的疼痛，可以继续为他冰敷患处。

需送医院处理的情况	
手脚异样	如果宝宝的手脚抬不起来，即便抬起来也很费劲，或者两手、两脚不一样长的情况就需要及时到医院就诊
手脚无法移动时	当宝宝突然疼痛，并且伴有手腕或脚痛得动不了，这极有可能是扭伤或脱臼，应及时到医院就诊
叫宝宝名字却没有反应	如果宝宝受的伤十分严重或者肿的部位越来越厉害，请先用夹板对伤处进行固定，再前往儿童骨科或外科就诊

预防常识

关节的一再脱臼会造成习惯性脱臼，爸爸妈妈要随时提醒宝宝千万不要让小朋友拉扯他已经受伤的部位，帮助宝宝预防再次脱臼。

小贴士

爸爸妈妈应该给予宝宝适当的管教，让宝宝知道游戏的时候也要有分寸，不能玩得太疯，以免伤害自己或者小朋友。

 骨折

骨折很难与跌伤、扭伤区别，所以需要爸爸妈妈非常小心。

紧急救护措施

·如果出血先止血

先用清水冲洗并且对伤口进行消毒，然后用纱布轻按住伤口2～3分钟来止血。

·安抚情绪

想办法让宝宝安静下来，并送往医院。这个过程中不能移动患部，如果医院较远，可以先帮助他绑上夹板，或者直接拨打120。

需送医院处理的情况	
移动特定部位就觉得痛	只要一动特定的部位宝宝就很痛，可能发生了骨折，要前往医院就诊
出现变形	出现了明显的变形，或是时常发生不自然的弯曲，要立即到医院就诊
痛得动不了	外表看起来虽然没有变化，但是宝宝痛得无法站立时，或者动不了，就可能是发生了骨折，要前往医院就诊
如果伤处骨头外露	形成开放性骨折，要立即叫救护车
皮肤变肿	当小孩跌倒站不起来，一直喊疼，受伤部位由肉眼就能辨认出发生变形，或者移动某个部位时，宝宝十分的痛苦，受伤的部位肿得非常厉害，而且皮肤开始逐渐变黑，这些都是骨折的症状
大出血时	大出血时要以不移动宝宝的患处为原则止血，并叫救护车

小贴士

夹板是为了固定受伤部位、保护患部。给宝宝上夹板千万不能勉强固定，并且一定要让宝宝觉得舒服。为了避免上石膏的时候发生宝宝的流汗造成身体不适的情况，还可以一边为宝宝上石膏，一边拍打石膏。

 ## 流鼻血

小宝宝经常会出现流鼻血的情况，如果是单纯由于上火引起则不需要过分的担心，多给他喝水、吃水果就可以了。

紧急救护措施

·让宝宝坐起来并捏住鼻子

首先，让宝宝坐下并将身体稍稍前倾，用手将宝宝的鼻子稍用力地捏住，这样可以初步止血。如果鼻腔中的血流到口腔中，要让他马上吐出来。

· **塞入纱布**

将棉球或纱布卷起来塞入宝宝的鼻口（不能全部塞到鼻子里，要留一段在外面）。

· **冰敷**

以冷毛巾覆盖整个鼻子的部分。

正确做法及对策

· **如果宝宝是撞到鼻子而流血**

稍稍止血后可以用冷毛巾覆盖额头到整个鼻子。千万不能让宝宝抬头拍打他的后脑勺或是让他平躺，以免造成他鼻腔中的血流入喉咙而被呛到。

· **如果是宝宝鼻子突然流血可以让他侧躺**

使流鼻血的鼻孔朝下，这样鼻血就不容易流入他的喉咙或口腔里了。

需送医院处理的情况	
经常流鼻血	如果宝宝没有原因经常性地流鼻血，要带他去耳鼻喉科做一次全面的检查
撞到头后流鼻血	如果是因为撞到头流鼻血的话，要马上送医院
长时间不能止血	宝宝流鼻血时，通常在处理后5分钟左右就基本可以控制，如果超过10分钟还不能止血，就要立即带着宝宝前往医院就诊

预防常识

室内的温度过高容易导致宝宝流鼻血，所以爸爸妈妈应该注意室内通风，尤其是冬天的时候，要经常开窗换气，并注意保持室内湿度，使室内空气新鲜，气温适当。

小贴士

挖鼻孔也是导致宝宝流鼻血的原因之一，爸爸妈妈要注意观察宝宝是不是有挖鼻孔的习惯。

眼睛进入了异物

要小心宝宝的眼睛，不要让他们不停地揉眼睛，眼睛进了异物要马上进行处理。

紧急救护措施

· 沙子进入眼睛

清洗眼部	可以用自来水或生理盐水为宝宝冲洗眼睛
挤压眼角	爸爸妈妈帮助他轻轻压住内眼角，使沙子伴随着眼泪流出
用脸盆洗眼睛	如果沙子还不出来，可以让宝宝在装满清水的脸盆中眨眼睛
用棉花棒将灰沾出	如果以上方法都不可行的话，还可以帮助宝宝翻眼皮，用清水沾湿棉花棒或纱布取出沙粒

· 尖锐的东西刺到眼睛

如果宝宝的眼睛是被碎玻璃片或者尖锐物品刺到时，立刻叫救护车。而且千万不能让宝宝揉眼睛，也千万不能试图用其他办法帮他取出异物，这时一定要用毛巾覆盖住他的双眼，尽量使他的情绪平稳下来，而且不要让他转动眼球。

· 热水或热油进入眼睛

撑开眼皮，用清水冲洗5分钟，不要乱用化学解毒剂，同时立即叫救护车送往医院。

需送医院处理的情况	
眼睛出血	如果发现眼睛红肿或有出血的情况发生，要马上送往眼科医院就诊
眼睛睁不开，疼痛伴有流泪	宝宝的眼睛睁不开，他感觉有东西磨得十分的疼痛而且不停地流眼泪，或者是眼睛有十分杀痛伴随流泪的感觉，这些都是有异物（化学药品、热汤、热油、碎玻璃片、眼睫毛等）进入了眼睛。可以先试着用水为他清洗，如果还不好可送往眼科医院就诊。而且在送往医院的途中千万叮嘱宝宝不要揉眼睛，可以先用毛巾覆盖双眼，不要让眼球转动

预防常识

注意室内的卫生，经常擦地，遇到潮湿的天气，要在屋内洒水，减少室内的灰尘。日常生活中还要养成宝宝勤洗手的习惯。

小贴士

爸爸妈妈帮助宝宝取出宝宝眼中的异物时，请您一定要洗净双手。

鼻子或耳朵进入了异物

异物进入不同位置，处理的方法也不同。如果在取出异物的时候遇到困难一定不要勉强，要及时到医院请医生帮忙。

紧急救护措施

·耳朵进水时

（1）单脚跳

如果耳朵进水，可以帮助他将进水的耳朵朝下然后单脚跳，有异物的情况也一样。

（2）将水吸出

或者用棉签、卫生纸轻轻深入耳中将水吸出来，深入的过程中一定要把握分寸，宝宝的耳道浅，非常细嫩，很容易受伤。

·耳朵进入虫子

（1）用手电照

让耳朵在暗处稍微朝上，然后用手电照射。

（2）用橄榄油杀虫

可以将1～2滴橄榄油滴入耳朵里杀虫，然后去医院检查。

·鼻子进入异物

（1）用力擤鼻子

异物在鼻孔附近时，让宝宝压住另一个鼻孔，闭上嘴用力擤。

（2）用卫生纸巾搔鼻子

要是擤不出，就用卫生纸巾搔鼻子，让宝宝打喷嚏。要是异物还不出来，就要到医院处理。

错误做法

爸爸妈妈千万不能擅自拿着夹子为宝宝把异物夹出，因为不小心可能会把异物塞进鼻腔里，给宝宝造成伤害。

需送医院处理的情况	
进入异物	当一些小东西，例如：弹珠、小积木、大头针等，进入宝宝的鼻子或耳朵里，却拿不出来的时候，千万不能勉强，应该立即带着宝宝去耳鼻喉科就诊
进入昆虫	如果有小飞虫跑进宝宝的鼻子里，可以先用手电筒照射（因为小虫子都有趋光性），如果小虫子仍不出来，可以用橄榄油1～2滴进行杀虫，再让宝宝用力擤鼻子（按住没进入异物的鼻孔，用力擤）擤出异物，如果还是不行则应尽快带小宝宝去医院耳鼻喉科就诊

预防常识

家里有很多非常小的物件，例如：玩具的零件，包装的配件，图钉等，爸爸妈妈要特别小心这些东西，把它们放到宝宝拿不到的地方，以免发生意外。

误食

小宝宝误食东西非常让人着急，也是经常发生的意外。首先要确认吃了什么？是进入了气管还是食管。

紧急救护措施

·异物进入气管或者喉咙

（1）小的固体异物

如果宝宝年龄很小，让他的头朝下，由背部的中间朝上，就是肩胛骨中间，用手掌拍打。

如果是年龄稍大的宝宝，可以由后方抱住他，压迫心窝附近，让他把东西吐出来。

（2）气球或者塑料

不透气的材料堵在气管或者喉咙是非常危险的，必须马上拿出来，如果拿不出来，要立刻呼叫救护车。

（3）鱼刺卡到嗓子

可用手电筒照亮口咽部，用小匙将舌背压低。仔细检查咽峡部，主要是喉咽的入口两边，因为这是鱼刺最容易卡住的地方，如果发现刺不大，扎得不深，就可用长镊子夹出。

·异物进入气管或者喉咙

（1）固体异物

如果宝宝吞食了少量的、危险性小的异物，先拿出宝宝嘴里剩余的东西，然后观察宝宝的状态，如果很有精神或者把吞咽的东西都吐出来了，就不需要担心了。

（2）清洁剂

让宝宝喝少量的牛奶或水后，再把手指伸到宝宝的舌根处，让小朋友把东西吐出来。

（3）一些特殊的化学药剂

如果宝宝误食了强酸、强碱性清洁剂、灯油和汽油，不能让宝宝吐，直接叫救护车。

需送医院处理的情况

·呼吸异常

异物进入气管，宝宝一直咳嗽，或者呼吸异样，需要及时送往医院。

·进食异常

如果他一直不愿进食或者一直流口水，甚至出现呼吸困难的情况，这是吞食的异物跑到了食管里，这时要立即送到医院救治。

误食紧急措施一览

误食物	是否可以通过催吐法吐出	呕吐后如何处理	是否需送医院
香烟	催吐	可以喝少量水、母乳、牛奶	立即前往医院
线状蚊香	催吐	可以喝水、母乳、牛奶	在家观察
液体蚊香	催吐	可以喝水、母乳、牛奶	立即前往医院
杀虫剂	不能催吐	不能喝任何东西	立即前往医院
杀虫喷雾剂	催吐	可以喝水、母乳、牛奶	立即前往医院
肥皂	催吐	可以喝少量水、母乳、牛奶	立即前往医院
沐浴露、洗发露	不能催吐（沐浴露）	可以喝少量水、母乳、牛奶	立即前往医院
漂白剂洁厕剂	不能催吐	可以喝水、母乳、牛奶	立即前往医院
纽扣型电池	不能催吐	不能喝任何东西	立即前往医院
花炮	催吐	可以喝少量水、母乳、牛奶	立即前往医院
酒精类饮品	催吐	可以喝少量水、母乳、牛奶	立即前往医院
化妆水	催吐	可以喝少量水、母乳、牛奶	立即前往医院

被咬

要根据宝宝是怎么被咬的和被咬伤的程度，来采取相应的处理办法。

紧急救护措施

·被小朋友咬伤：出血时先消毒

如果被咬的地方出血的话，先消毒然后再用纱布包扎。

·伤口肿大时

先用冰袋敷在伤处，然后观察情况。

·被狗咬伤

用大量肥皂水反复清洗，然后立即去医院注射狂犬疫苗。

·伤口很深

要到外科就诊，先清洗伤口，用纱布包扎后去医院就诊。

需送医院处理的情况

伤口很深，大量出血	如果伤口很深，大量出血时，要用干净的手帕或纱布压住伤口，并马上送往医院儿童外科
伤到眼睛	眼睛如果有伤口就很难处理了，要马上送到眼科处理
被蛇咬伤	当宝宝被蛇咬伤时，一律按蛇有毒处理，马上叫救护车
呼吸困难	当宝宝呼吸困难时，应立即送往医院

预防常识

要注意陌生的猫狗，告诫宝宝不要去摸，以防被咬伤。教会宝宝如何正确地与小动物相处。

被叮

为了减轻宝宝的症状，要在他抓伤痒处之前先确认是被什么叮到的，迅速处理伤口。

紧急救护措施

·被蜜蜂叮到

（1）先把蜜蜂螫针拔出

蜜蜂的螫针不能留到体内，所以要先把它拔出（可以使用消过毒的针），然后再帮宝宝把毒液吮吸或者是挤压出来，千万不能留有毒液，防止过后肿胀。

（2）清洗伤口

用清水仔细地清洗伤口，再涂上治疗蚊虫叮咬的软膏或者是切片大蒜敷在伤口上，或涂上肥皂水等。

（3）冰敷

如果宝宝的患处肿胀起来而且一直觉得很痒的话，可以用冰毛巾敷一下来帮助消肿。

·被毛毛虫叮咬

千万不能揉搓患处！可以先用胶带纸把毒毛粘出来。再用清水仔细地清洗伤口，然后帮宝宝涂上防治蚊虫叮咬的软膏。

·被蚊子叮咬

（1）请洗伤口

先帮助宝宝把患处用清水清洗，然后再涂上被蚊虫叮咬时的专用软膏。

（2）用纱布或创可贴贴住患部

为了防止小宝宝忍不住痒痛而去抓挠患部，可以用纱布或者是创可贴贴在患部上，但是要注意宝宝是否对以上两样东西产生过敏。

需送医院处理的情况	
被蚊子、毛毛虫叮咬	如果是被毒蚊子、毛毛虫咬到的话，这时候伤口可能会肿得很严重，或者是很痒、很痛。要带他去儿童医院皮肤科就诊
被蜈蚣叮咬	如果宝宝是被蜈蚣咬到了，首先要给伤口消毒，然后立即带他去儿童医院皮肤科就诊
被大黄蜂、毒蜂蜇伤	如果宝宝是被大黄蜂、毒蜂蜇伤，很可能会发生呼吸急促、痉挛、呕吐或者是发热的症状，从而会陷入极度危险的状态，要马上叫救护车去医院就诊

预防常识

带宝宝去户外活动时，要检查树上或者是屋檐底下是不是有蜜蜂的巢穴、毛毛虫、蚁穴等，如果活动周围蚊子很多的话，可以用杀虫液的喷剂，但是在喷的时候，注意不要让小宝宝吸到（可以让小朋友用手绢捂住嘴巴）。

 ## 植物过敏

很多活动是要爸爸妈妈带领宝宝在户外开展的，如果还带着他们去爬山的话，要特别注意会引起皮肤过敏的植物，并且在出门之前提醒宝宝有些植物是不能随便触摸的。

紧急救护措施

·更换衣物

如果发现宝宝已经发生了植物过敏的情况，即使是在室外，也要立刻帮他更换所有衣物，因为有些容易造成过敏的植物，容易附着在身体或者是衣服上，脱下来的衣裤要放在塑料袋里，避免宝宝再次碰到它。

·用清水清洗过敏处

过敏处一般都会非常痒，宝宝的抓挠会使过敏的范围进一步扩大，为了避免这种情况的发生，可以先帮他用清水冲洗患部，清洗的过程中千万要注意不要让洗过患处的水溅到他身体的其他部位。

·涂上止痒药物

将蚊虫止痒软膏涂在患部，尽可能不要让小朋友去抓挠，如果已经出现水疱，千万不能把它弄破。

·用冷毛巾冰敷患处

为了减轻患部的瘙痒，可以用冷毛巾帮助宝宝冰敷。

需送医院处理的情况	
出水疱，皮肤溃烂	有的宝宝皮肤对一些植物很敏感，碰到一些植物后皮肤会出现湿疹甚至红肿、有水疱，严重的皮肤溃烂
症状两三天不消减	如果过了两三天，症状一直不消的话，要带他去医院皮肤科就诊。对于那些过敏后出现水疱、皮肤开始溃烂的小朋友，应先在患部覆盖上干净的纱布，避免宝宝用手去抓而弄破水疱，然后再带他去医院皮肤科就诊

预防常识

为宝宝建立一个健康档案袋，其中记录宝宝以前是否有过植物过敏的情况。如果他有过过敏的历史，带他出去时要尽量给他穿上长袖衣裤，尽量让他远离一些容易引起皮肤过敏的植物。

烫伤

不论是哪一种烫伤，都要先用冰敷。

紧急救护措施

·用自来水冲洗伤处

宝宝一旦被烫伤后，一定不能直接触摸伤口，可以先不脱去他的衣服，先用凉水冲洗伤口处。如果宝宝只是身体的小部分被烫伤，给宝宝多穿些衣服，再往烫伤处浇水。

·给伤口降温

可以给宝宝的伤口敷上凉毛巾，也可以用淋浴头冲洗伤口，如果天气不冷的话，也可以在浴缸内放满水，直接浸泡全身。

·脱去衣物

当给宝宝用冷水冲到一定程度时，可以脱掉伤处的衣物或者是袜子，如果衣服黏住了伤口，可以把伤口周围的衣服剪掉，保留伤口处的衣物。

·伤口处理包扎

最后用消毒的纱布覆盖住伤口，这时一定要注意，千万不能刺激到患部，然后用绷带帮宝宝包扎，包扎的过程中纱布一定不能过于紧绷。做完以上简单处理后，一定要带着宝宝去医院，特别严重时，一定要立刻叫救护车。

错误做法

一些民间的做法会对宝宝造成伤害，比如说，用芦荟、软膏、牙膏、酱油、大酱等涂在患部上，以减轻疼痛，这是绝对不可取的，因为这样很可能会引起细菌的感染，使宝宝的症状进一步恶化，而延缓复原的时间。

需送医院处理的情况	
脸部或者下体烫伤	当脸部或下体烫伤时，即使看起来烫伤不严重，也要极为小心地处理。当水疱比1元硬币的面积大时，就要带着宝宝去医院就诊
大范围烫伤	如果宝宝年龄较小，10%的烫伤即可危及生命，需要马上叫救护车。身体1%的面积，大概相当于单手伸开手掌的大小
比较严重的烫伤	宝宝容易受到细菌的感染，如果烫伤的程度比较严重，需要及时带宝宝去医院就诊
衣物黏在烧伤处取不下来	当烫伤的部位黏有衣服时，这时候千万不能强行把衣服从伤口上撕下来，可以先剪掉烫伤周围的衣服，留下粘住烫伤部分的衣物，然后在烫伤的部分覆盖上干净的布，立即带着宝宝去医院的外科或者是皮肤科就诊

预防常识

饮水机要摆放在合适的位置，时常叮嘱小朋友们在接饮用水的时候一定要小心，不要被热水烫伤。

宝宝们在吃饭的时候要及时提醒他们不要嬉闹，吃饭时给宝宝安排固定的座位，有些热的东西不要急于进食，比如粥、汤等。

宝宝的皮肤很稚嫩，非常容易受到细菌的感染，即使是我们触摸觉得是正常的温度也会不小心给宝宝造成烫伤，所以一定要爸爸妈妈特别的注意。

溺水

一旦发生溺水的情况，把宝宝从水中救起来之后，立即叫救护车。在等待救护车的过程中，把他平放在平地上，首先要看看宝宝是否还有意识、呼吸和脉搏。

紧急救护措施

·宝宝还有意识

如果宝宝还有意识的话，脱掉他身上的湿衣服，先给他把水擦干，再给他保暖，用干燥的毯子或者被子把他包裹住，帮助他升高体温，可以用手掌为他按摩全身，再送往医院。

·宝宝没有意识

如果宝宝没有意识的话，立即叫救护车。在等待救护车的过程中，如果宝宝有呼吸，为他做好保暖，并且保证他呼吸的顺畅；如果宝宝没有呼吸，立刻给他做人工呼吸和心脏起搏

预防常识

如果宝宝不会游泳，就别带他去有水的地方，或者玩的时候要有爸爸妈妈专门陪同看护。如果是稍大点的宝宝，会游泳，也要了解宝宝的健康状况，比如他的身体素质，他最近的饮食状况等。

小贴士

人工呼吸和心脏起搏不是事发后短时间就能掌握的救助方法，所以为了宝宝的安全，爸爸妈妈应该在平时多学习一些急救知识。以下后两种情况宝宝是没有生命危险的。

1.溺水后昏迷，没有意识。

2.大声哭泣。

3.有呼吸和心跳，和他说话也有反应。

宝宝爱生病，妈妈要细心

第四章
Di Si Zhang

妈妈要注意
给宝宝用药要安全

 ## 安全用药的7点注意事项

药物不但能帮助宝宝战胜疾病，还能缓解病症，但是如果使用错误，将会对身体造成很大的损害。这里医生介绍了使用药物的7点注意事项。

要遵照医嘱用药

医生一般会根据宝宝的症状、体重等综合指标决定用药的剂量和种类。如果擅自改变用药量和次数，常会增加宝宝身体的负荷，起到相反的作用。同时，不良反应也会相当明显。

1岁前按医生处方用药

宝宝发热有很多种原因，并且病情发展速度快，1岁之前用药的基本原则必须要根据医生处方。紧急情况下爸爸妈妈自行判断用药，也需要与药店销售人员详细说明宝宝的症状、体质等后再用药。如果服药后1~2日内病情不见好转，一定要前往医院进行详细检查。

根据宝宝的状况，判断药物的疗效

给宝宝服药或涂药之后，要注意观察宝宝的变化情况，并记录下变化。如果遵医嘱用药后宝宝的病情不见改善，一定要再次就诊。

药物要根据药性选择保存方法

根据宝宝的特点，开发了很多种类的药物，以方便宝宝服用。包括白糖浆类、粉状制剂等，在保存时，也应该根据各种药物的特性选择保存方法。

对药物不了解时要咨询医生

如果爸爸妈妈对药物成分、使用方法、保存方法有任何问题，可以咨询相关医护人员，同时也可以将药物处方与医生进行确认，并将相关医院以及药店的联络方式记录下来。

医生开的药应尽量用完

用药的一个基本原则就是不能随便停药。很多妈妈会根据自己的判断认为宝宝的病情好转了，或者认为应减少用药或中途停药，很多时候会造成病情的反复（当然也有少数例外）。因此在就诊时就应向医生咨询清楚何种情况下可以停药。

口服药如何发挥疗效

通过血液可以将药物输送到身体需要的部位：药物通过被身体吸收→分布→代谢→排泄在体内循环从而发挥药效。由于宝宝身体功能尚未发育成熟，对于药物吸收比较快，但是排泄慢，因此在使用时用量一定要遵医嘱。

·吸收

宝宝服用的药物、白糖浆会经过消化器官溶解在胃、小肠处，再通过肝脏进入血液。这个过程称为吸收。

·分布

被身体吸收的药物通过血液输送到全身各处，当被输送到患病处或有炎症的部位时对致病菌发挥药效。

·退热药该如何保存

退热药如果是栓剂可以用冰箱冷藏保存。使用时根据宝宝体重决定用量，保存期限在1年左右。在患病宝宝发热时使用冷藏保存的药物退热后，为慎重起见应去医院就诊。

·代谢

发挥药效后药物如积存在体内，会对身体造成伤害。而肝脏将这部分药物经过无毒化处理会较容易排出体外。

·排泄

药物经肝脏处理后，通过尿液（经肾脏代谢）和粪便（混有肝脏分泌的胆汁）这两种主要途径排出体外。

白糖浆制剂

使用方法

用前摇晃均匀，确认用量。

·用前摇晃使液体均匀

药物成分常会沉淀，因此用前需要摇晃均匀。摇晃时要注意不要起泡沫，否则无法准确量取用量。

·正确量取一次的用量

遵照医嘱量取一次用量，读取刻度时要横向读取，以确保准确无误。

·选择适合的服用方法

1.可以用奶嘴喂宝宝

让宝宝含着奶嘴，再将药物倒入奶嘴内，这样可以更顺利地喂药，这种方法比较适合月龄低的宝宝。

2.用吸管喂药

宝宝可以直接吸取或者用吸管逐滴地进行喂药。

3.用带橡皮囊的吸管喂药

将吸管放入宝宝口中，直接将药物挤入宝宝口中。

4.用小容器喂药

可以直接用小一点的容器喂药，注意给宝宝喂药时尽量不要让药物流出来。

5.用匙喂药

用匙子喂药时尽量要将其伸入到口内，喂药的要领比较类似给宝宝喂果汁。

保存方法

由于白糖浆类药物内添加了白糖成分，常温下保存容易给细菌繁殖提供适宜的温度，因此一定要冷藏保存。超过使用期限时不能使用。

粉状药剂

混入食物中可以更容易让宝宝服用。粉状药剂不适宜直接服用，可以溶于水后混在食物内给宝宝服用。

使用方法

·妈妈一定要洗手

手会直接接触到药物，因此在给宝宝服药之前，一定要洗干净双手并剪短指甲。

·将药物放于容器内

用容器装入一次用量的药物，这样药物比较容易溶解。

·用手指碾碎溶解

清洗双手后，用手指逐渐推碾，使药物彻底溶于水。

·选择容易吞咽的方法

如果宝宝不讨厌药物的味道，可以用小匙喂，也可将药物涂在宝宝脸颊内侧，或用手指蘸取药物，涂在味觉不是很敏感的脸颊内侧或者上颌。

·逐量加水

加水时要慢慢加，防止一次性加水太多造成宝宝不能全部服用或者过于浓稠。

错误方法

·捏住鼻子让宝宝张口

强行让宝宝张口，很容易造成宝宝咳嗽、呕吐或者使药物呛入气管，非常危险。

·用药瓶盖直接饮用

用装药物的瓶盖直接喂药，很容易使瓶盖内残留的药物上沾有细菌，造成药物变质。

正确做法

在给宝宝喂药之前要确认药物是否能和食物混在一起喂。

·要将药物和食物充分搅拌

如果搅拌不均匀，宝宝在吃的时候可能会将药物吐出来，因此一定要充分进行搅拌。

·搅拌的食物要选择一次性，可以全部喂下的量

如果和药物搅在一起的食物量过多，宝宝一次性吃不下，就会造成药物的剩余。

搅拌食物时应注意以下几方面

·搅拌时要选择适合宝宝口味的食物

宝宝一般比较喜欢凉一点的甜食，在和药物搅拌时可以选择的食物有：酸奶、宝宝专用布丁、苹果汁。

1岁以上的宝宝可以选择：冰激凌、乳酸菌饮料、炼乳。

·不适合选择的搅拌食物

不能选择主食和药物搅拌。主食如果和药物搅拌在一起会发生变味，会增加宝宝的厌恶感。另外也不能选择柑橘类食物，这会增加苦味。不适合选择的搅拌食物有：牛奶、粥、柑橘。

保存方法

可以选择密闭容器或者空罐保存，保存时可以内放干燥剂，放在阴凉、干燥处避光保存。

栓剂

栓剂常用方法为推入肛门内，药物通过肠道被吸收，这种药物可以直接通过肛门进入体内，易于溶解，在推入肛门时要一次性推入。

使用方法

·遵照医嘱切取一次用量

用温水浸湿刀片，比较容易切取药物。一次用量为1/2、2/3量时，在切药物时应该连同包装一起切取。

·撕开薄膜取出药物

从药物前端撕开薄膜取出药物。避免挤压，否则很容易将药物挤碎。

·一次性插入

可以在药物上适量涂一些油，使药物更加润滑。要一次性快速将药物推入肛门。如果动作比较慢，很容易造成药物融化。

·短暂按压一会儿

可以用手指在肛门处轻轻按压1～2分钟（垫纸巾也可），这样可以防止药物排出。

正确做法

栓剂退热药一般在30～40分钟后发挥药效，在给宝宝使用栓剂后可以对体温进行测量，确认药效。

保存方法

栓剂遇热容易融化，因此需要冷藏保存，但注意不可冷冻保存。

膏状类制剂

在清洁后的皮肤患处均匀涂抹，在涂抹药膏之前，一定要清洗患部，用干净的毛巾擦拭干净后，薄薄地并且均匀地涂抹。

涂抹头皮时

为避免涂到宝宝的头发上，应小面积逐步涂抹。

·用手将头发向两边拨开

轻轻把宝宝的头发向两边拨开，露出头皮再涂抹药膏。最好选择宝宝睡觉的时候，这样比较容易涂抹。

·撕开薄膜取出药物

一只手拨开宝宝的头发，另一只手顺头发生长方向将药膏涂在头皮表面。

涂抹皮肤时

在每次涂抹之前，要用湿毛巾或温水给宝宝洗净再涂抹。

·首先清洁宝宝的皮肤

涂药前，一定要做好清洁皮肤的工作。洗澡之后涂抹药膏，使药效发挥更加明显。

·妈妈要仔细清洗双手

在涂药前，妈妈一定要仔细清洗干净双手，包括指甲、指缝等处都要彻底清洁。

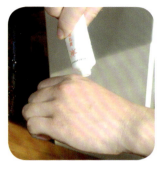

·将药量挤压于手背处

在涂药之前，需要将一次的用量挤压在细菌相对较少的手背处。

·在宝宝皮肤上点涂几处

药物涂抹面积较大时，可先在宝宝的皮肤上选择4～5处点涂，然后再大面积涂抹。

·要薄薄地均匀涂抹

涂药膏时要均匀涂抹，并且薄薄地涂一层。涂抹较厚或者重复涂抹并不会得到理想的效果。

·仔细检查是否涂抹均匀

软膏涂抹后会有一层光泽，在给宝宝涂抹完药膏后应检查一下是否有漏涂的部位。

错误做法

·不能用双手揉搓药膏

如果双手手心揉搓药膏，会使药膏的有效成分渗入到手心里，从而使药品失效。

·不能直接将药膏涂抹在皮肤上

如果直接用药膏管涂抹，很容易造成管口细菌感染，并且不容易确定涂抹量，所以这种做法是错误的。

保存方法

选择密闭容器或空罐保存。可以在装有药膏的容器盖上标明开药日期以及药物名称，这样方便判断药物使用期限，而且更加安全。

一定要盖好瓶盖，并且放在宝宝接触不到的地方。药物使用后要盖好盖子保持常温、放于避光处保存，一定要放在宝宝不能接触到的地方。

 # 眼部用药类

注意不要让容器口碰触到眼部或眼睑等部位，妈妈一个人给宝宝点眼药时，宝宝常会乱动，可以选择在宝宝睡觉时点眼药或者请爸爸一起帮忙。

使用方法

·内眼角各滴一滴

让宝宝仰卧，轻按头部，在距离眼睛2～3厘米高处滴眼药。

·帮助宝宝闭上眼睛

宝宝点完眼药后不会自己将眼睛闭上，这时妈妈可以用手轻轻推宝宝的上下眼睑，帮助眼睛闭合。

· 轻轻按压宝宝的双手

点完眼药后，宝宝会习惯性地用手擦眼睛，这时候可以轻轻按压一会儿宝宝的小手不让他乱动。

小贴士

点眼药的方法成年人和小孩是有区别的，若是用药不当或方法不妥，不仅达不到预期效果，有时甚至可以产生严重的后果。

1.在点眼药水或是眼膏前，要严格核对药名、浓度、剂量、有效期限。

2.根据医嘱上的剂量给宝宝滴用。

3.涂眼膏时，在暴露下结膜囊后，手持眼膏瓶将米粒大小的药物直接挤入结膜囊内。让宝宝闭目2～3分钟，以助眼膏在结膜囊内溶化分布，并用棉签或棉球擦净脸缘及睫毛上的油膏。

正确做法

拉开下眼睑，如果不能很顺利地拉开上眼睑，也可以选择将眼药滴入下眼睑的方法。

错误做法

一定要注意不要让容器口碰触到宝宝的眼睛。如果容器口太过于接近眼部，很容易碰触到眼睛或眼睑，使药物受到细菌的污染。

注意事项

· 给宝宝点眼药时，宝宝抗拒该怎么办

尽量想一些办法减少宝宝的抗拒感，如果宝宝抗拒点眼药，可以选择在宝宝睡觉时点眼药。

·宝宝眼睛出现问题时要及时治疗，注意护理

宝宝的眼睛如果出现问题就会常常用手擦，感染细菌后造成病情恶化，一定要及早治疗注意护理。

1.注意宝宝双手的清洁：为了防止感染，一定要用流水清洗宝宝的双手，让宝宝的小手干干净净的。

2.要勤给宝宝剪指甲：指甲如果长了很容易刮伤宝宝的眼睛，爸爸妈妈要经常检查宝宝的指甲是否需要修剪。

保存方法

·袋装保存

如果直接用药膏管涂抹，很容易造成管口细菌感染，并且不容易确定涂抹量，这种做法是错误的。

1.眼药的外包装纸袋有避光防止药物变质的功能，保存时要将眼药放入袋内保存。2.必须冷藏保存。3.为防止药物变质，开盖后的药物一定要用冰箱冷藏保存，不可使用过期药物。

 耳部用药类

使用方法

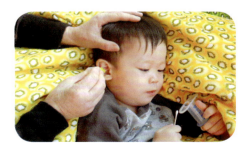

·让宝宝的头侧卧

让宝宝的头侧卧，滴入药物后保持这种姿势不动。

·向耳部滴入1～2滴

轻轻按住宝宝的头部，沿耳部内侧壁滴入1～2滴。

·保持姿势4～5分钟

轻轻按住宝宝头部，保持此种姿势4～5分钟，如果有药物流出可以用纸巾擦拭。注意待冷藏的药物恢复到常温后再使用。

保存方法

·瓶装保存

为防止药物变质，开封后的药物需要放在药瓶内冷藏保存。

 6点秘诀帮宝宝服药

苦药变美食

良药苦口，让长在蜜罐里的宝宝"吃苦"，真是让人心疼啊！不过，我们可以变个小魔术，如果药是液体，可以加一点白糖或果汁，在甜甜的吮吸中，大功告成！

如果是固体药品，可以将药片研成碎末，拌入果泥或者配方奶中，让宝宝在不知不觉中乖乖吃药！

喷射型喂药

口腔注射器可以有效地帮助小宝宝吃药。喷射位置最好在两颊内侧，不要伸到太里面，以防宝宝窒息或者咳嗽。注射时不用一次性喷进去，每次一点，让宝宝慢慢消化。

奶嘴巧喂药

把药剂倒入奶嘴中，让宝宝像吮安抚奶嘴一样把药吸进去。当宝宝意识到吃的东西苦苦的时候，药已经吃进去了。然后在奶嘴里加点白糖水，帮助药物稀释，同时缓解苦涩。

宝贝，向上看

让宝宝竖直坐起，然后在头部垂直上方悬挂玩具，吸引宝宝抬头观看，当宝宝注意力集中在一点时，小嘴会微微张开，迅速滴一滴药进去。

包包好，吹吹气

用小毯子把宝宝包裹起来，防止他用双手抵抗药物；药入口之后，可以轻轻地在宝宝脸上吹气，从生理反射角度来看，可以帮助宝宝有效吞咽药物。

释放权限

两三岁的宝宝总想着自己拿匙子吃东西。给他们一些选择空间，但是都要围绕着吃药为主题：例如，你是用匙子吃药还是用杯子吃？你是在玩游戏之前吃药，还是之后吃？让宝宝自己选择吃药的方式，会让他有一种"当家做主"的感觉。宝宝往往会为了争取自己的权益，勇敢地把药吃了。

第五章
Di Wu Zhang

宝宝乱发脾气、对着干，
妈妈得有
"斗宝"智慧

宝宝乱发脾气、对着干，妈妈得有"斗宝"智慧

第五章
Di Wu Zhang

弄清宝宝的 "情绪故事"

你的宝宝是这样缺乏耐性吗

暴力性

这是宝宝缺乏耐性的最大特征。如果有人让宝宝做他不愿做的事或宝宝得不到想要的东西时就失控地尖叫、骂人或发脾气等。开始时，自己可能会自责，不过一旦形成习惯，自责感就会消失，连爸爸妈妈的劝导都听不进去，反而会使性子、发脾气。

依赖性

碰到陌生或困难的问题，便会哭闹转而求助于爸爸妈妈，这种依赖性会使宝宝逐渐变得意志薄弱。

注意力低下

没有耐性的宝宝做事没有持久性，因而会显得注意力低下、散漫。玩玩具时，看看这个拿拿那个。玩一个游戏时不会坚持到底。

宝宝叛逆的表现

1	固执坚持、顽固抵抗
2	公开场合大哭大闹
3	我行我素
4	别人让做什么，自己就反着来

宝宝叛逆、缺乏耐性怎么办

冷处理

当爸爸妈妈看到宝宝开始出现逆反心理，情绪非常激动的时候，首先要控制好自己的情绪，不要硬来，那样只会火上浇油。正确的选择就是冷处理，放任宝宝的任性不理不睬。当宝宝开始采用大哭这个武器来考验爸爸妈妈的时候，爸爸妈妈要狠下心，等宝宝哭完了，平静下来再去教育。

心理安抚法

平时要主动帮助宝宝客观地了解自我，克服他们认知上的主观性和片面性，培养其良好情绪，锻炼其意志，增强他们的自我控制能力，最终促进宝宝心理的健康良性发展。

温暖法

爸爸妈妈要理解、尊重、关心、鼓励和信任宝宝，多跟他沟通，做他的朋友，发现宝宝进步了，就要及时给予肯定和赞扬。

刺激法

妥善利用宝宝逞强好胜的心理，利用他们逆反的心理来激发他们自身的能力。比如有意识地说："你不会自己穿衣服，是不是？""你不会有礼貌地说话，是不是？"来刺激他向正面积极的方向选择。

了解宝宝的情绪故事，减少宝宝发脾气的机会

1	行为被约束管制
2	觉得自尊心被伤害
3	听的类似说教过多
4	个人的兴趣被忽视

 ## 要让宝宝有个好心情

让宝宝开心地笑

爱笑的宝宝长大后多性格开朗，有乐观稳定的情绪，这有利于其发展人际交往能力，使其更乐于探索，有很强的好奇心，这样会使宝宝学到更多的知识，有利于宝宝的智力发展。笑还是一种类似于原地踏步的良好锻炼方法，宝宝在笑时面部表情肌运动，胸肌、腹肌参与共振，可对多种器官起到锻炼与按摩作用，故多笑的宝宝体格较为强健；笑对心脏、肺脏、胃肠功能都有很好的促进作用。

宝宝的笑对大脑发育是一种促进，被誉为"一缕智慧的阳光"，年轻的爸爸妈妈应及时抓住这"一缕阳光"，作为早期智力开发的一种方式。日常生活中爸爸妈妈首先要多向宝宝微笑，多抱宝宝，与宝宝肌肤接触，并给宝宝新奇的玩具、画片等激发宝宝面露笑容或发出笑声，还要多和宝宝玩亲子游戏，让宝宝在爸爸妈妈所创造的快乐氛围中开心地玩、开心地笑。

随着宝宝的长大，他学会了察言观色和模仿，如果爸爸妈妈总是脸色阴沉，宝宝的情绪也会受到影响。同食，他也会模仿爸爸妈妈的坏脾气。

因此，爸爸妈妈要尽量让自己和颜悦色，把工作和生活分开，别让工作的紧张气氛带到亲子间的交流中，也不要为了树立"爸爸妈妈威严"而一直保持"黑脸"，爸爸妈妈的"黑脸"可对换唱，否则分工太明确，不利于宝宝性格的培养。

如何提高情绪能力

这些能力越早开发越好，两岁前的早期教育对情感的发育影响最大，因为人的大脑从出生前到两岁左右是主要发展期，一旦错过，很难弥补，这个时期最忌讳爸爸妈妈忽视宝宝、大声喝止宝宝哭闹、粗暴对待宝宝等。

积极的情绪对宝宝的行为起到正面的促进作用，消极的情绪对宝宝的行为起到负面的消极作用，因此培养宝宝的情绪调节和控制能力，对宝宝的成长发展十分重要。

为了培养宝宝的自我情绪调节和控制能力，爸爸妈妈首先要了解宝宝情绪的特点，对症下药，如在宝宝8个月时候，爸爸妈妈要和他多进行情绪交流，并注意他的发声和表情，及时给他一个有趣的回应，等到宝宝18个月的时候，要教他解决问题的能力，

引出一个问题，帮助宝宝来解决。

其次，爸爸妈妈要尽量拓展宝宝的兴趣，丰富宝宝的生活，让宝宝热爱生活。此外爸爸妈妈也要学会一些调节情绪的方法，如转移注意力、控制宝宝情绪等。

控制情绪包括的内容	
正确估价自己的能力	即能觉察、正确地认识自己的感情
控制自己情感的能力	即能恰当分析自己情感的起因，找到办法来处理自己恐惧、焦虑、愤怒和悲伤等情绪
激励自己的能力	即能克服自满和迟疑，调动自己的情绪去达到某个目的，还能较持久地保持这种动力
了解他人情感的能力	即对他人情感具有敏感性并能理解别人的观点，欣赏不同人对事物不同的认识
处理人际关系的能力	即能掌握别人的情绪、社会能力和社会技巧

给宝宝创造读书氛围

宝宝天性偏爱"读书"活动，宝宝生来就有一种好奇心和探索欲，对外界信息接受很快，在所有这些信息中，爸爸妈妈的读书声对他们来说是一种天籁。宝宝对图形和颜色知觉发展得很早，他们从小就喜爱看色彩艳丽、图形鲜明、情节生动的图书，更喜欢爸爸妈妈按图书的内容给他们边看边讲。

玩书是宝宝爱上阅读第一步

对于手中的书本，宝宝不是撕扯摔打就是啃咬，很难跟随爸爸妈妈一页页翻读下去。好多爸爸妈妈经过多次尝试失败之后，最终也就不得不鸣

金收兵，这样做会抑制了宝宝从小爱上阅读的美好念头，对宝宝的发展非常不利。

为不同时期的宝宝精心挑选读物

爸爸妈妈要根据宝宝不同时期身心发展水平，精心挑选他们所喜爱的、可以接受的优秀读物，为他们的成长提供丰富的精神食粮。在宝宝很小的时候读书给他听，每天拿出几分钟时间和宝宝一起开展亲子阅读，或者鼓励宝宝自己"看书"，这种"对牛弹琴"的行为从某种意义上来说正好顺应了宝宝探究环境的需求，呵护了他们刚刚萌芽的阅读兴趣，帮助宝宝从小养成爱上阅读的好习惯。

爸爸妈妈要示范阅读

除了给宝宝读书和讲故事外，爸爸妈妈还要充当阅读的示范角色。此年龄段的宝宝会根据爸爸妈妈的动作行为进行表演和模仿，要想使读书成为宝宝生活的一部分，那就要让读书也成为自己生活的一部分，让宝宝自然模仿。当坐下来看杂志时，拿一本书给宝宝看，并说道，"我们一起读几分钟书吧"，家庭读书活动对宝宝所产生的影响作用是为宝宝今后独立阅读作准备的一个很重要的方面。

给宝宝一个游戏与阅读相结合的空间

随着宝宝的长大，爸爸妈妈可将一些书籍放在宝宝的活动范围之内，如在一只小书柜里放满儿童图画书，让他自己去取、阅读和替换。如果宝宝喜欢用木工器械制作物品，那就再放上一些说明书或画一些假的模型，并将它们捆在一起，给宝宝创造游戏和阅读相结合的机会。一旦你注意到宝宝要阅读的时候，就予以鼓励。

怎样让发脾气的宝宝平静下来

一旦宝宝出现了逆反行为，尤其是让他吃饭不吃，让喝水不喝的时候，对他讲道理显然是没有用处的。所以爸爸妈妈也容易变得焦虑急躁起来。这时候如果硬上，只会使得宝宝的逆反心理愈加强烈，所以要冷处理，这时最好让宝宝先哭闹一阵，想办法等他平静下来，再进行教育引导。

不要完全参照书本养宝宝

许多年轻爸爸妈妈多倾向于以书为标准来带宝宝，有的过分认真地执行书本上的要求，认为这样才是科学的。比如书上说8个月会爬，1岁半会串珠子，如果自家的宝宝不会，就异常着急，以为是宝宝的智力发育有问题。其实，书本上的知识和要求不一定与宝宝的实际情况相符。

每个宝宝的成长路线都是不一样的，正确做法是把书作为参考，一旦觉得宝宝与书上说的哪点不一样时，不要着急，综合考虑宝宝的发展，比如不会爬是不是因为穿得多啦，不会说话是不是因为没给他说话的机会。

宝宝乱发脾气、对着干，妈妈得有"斗宝"智慧

第五章
Di Wu Zhang

让宝宝学会
自我调节

 妈妈要注意培养宝宝的情绪

从1.5～2岁起，宝宝的嫉妒心理就开始有了明显且具体的表现。起初，宝宝的嫉妒大多与妈妈有关。生活中，我们常可能看到这样的情形，当妈妈把自己的注意力转移到别的宝宝身上时，宝宝就会以攻击的形式对别的宝宝发泄嫉妒。所以爸爸妈妈一定要做好此阶段宝宝的心理疏导。

要了解宝宝嫉妒心理产生的原因

一般宝宝产生嫉妒心理的主要原因有：受到成年人的影响，有些成年人之间互相猜疑，互相看不起，或当着宝宝面议论、贬低别人，会在无形中影响宝宝的心理。

纠正宝宝嫉妒的一些具体方法

建立良好的环境，爸爸妈妈应当在家庭中为宝宝建立一种团结友爱、互相尊重、谦逊容让的环境气氛，这是预防和纠正宝宝嫉妒心理的重要基础；并要正确评价宝宝，如果表扬不当或表扬过度，就会使宝宝骄傲，进而看不起别人，或对自己产生不正确的印象，继而在特定的情况下，导致嫉妒的产生。

帮助宝宝提高能力

如果宝宝在某些方面不如别人的宝宝，他会对比他强的小朋友产生嫉妒，所以爸爸妈妈应帮助宝宝提高这方面的能力。如果有条件，爸爸妈妈可以请其他的宝宝帮助他做好一件事情，这样既可以提高宝宝的能力，又可以使宝宝在真诚友好的帮助下克服嫉妒心理。

 ## 一定要发掘宝宝的自我意识

宝宝开始有自我意识了

现在的宝宝由于心里的想法增多，但语言有限，常常不能准确地表达自己的想法，因此常常会发怒耍脾气。

1～3岁大的宝宝发展自我意识的最鲜明特征

1	开始懂得用名字来称呼自己，比如会说"宝宝要吃饭"、"宝宝会做……"等
2	宝宝开始能分辨出镜子中的自己或其他人。比如宝宝会指着镜子说："这是宝宝，这是妈妈。"
3	等宝宝长到3岁大时，自我意识形态会出现质的飞跃，这时宝宝已经完全意识到自己是和别人不一样的个体存在，开始主动地寻求自我体验、自我评价和自我控制

宝宝缺乏自我意识的特征

1	情绪波动频繁，不能有效地控制自己的情绪
2	没法意识到自己说话行动的目的，较容易被外界的言语给干扰到
3	无法正确评价自己的行为，缺少明确的自我评价意识
4	无法正确地评价别人的行为，容易与别人产生矛盾和冲突
5	常常因为单个事件的成功就对自己形成过高的评价
6	常常因为单个事件的失败就对自己行成较低的评价，并且很难更正
7	模仿别人的评价来评价自己
8	无法有效使用人称代词比如"我"来表达情感，进行交流
9	不能通过主动的自我控制来矫正自己的不良习惯
10	无法从多个方面来评价自己的行为和能力
11	没有明显的自豪感和自尊心
12	对待自己的错误行为和别人的批评无动于衷
13	躲避竞争，明显表现出自卑心理

宝宝应具备良好自我意识的特征

1	可以正确认识到自己的情感和兴趣倾向
2	可以正确表达自己行为的目的
3	喜好评价自己行为同时也希望得到他人的认可
4	喜欢评价别人的行为，喜好沟通交流
5	可以讲出评价自己能力的简单理由
6	可以讲出评价别人能力的简单理由
7	可以听从他人对于自己不良行为的评价并加以改正
8	可以坚持他人认为自己良好的行为
9	和他人合作的过程中可以正确认识到自己的成功和不足之处
10	和他人合作过程中可以正确评价别人的成功与不足
11	可以评价自己的不良行为并自觉改正，体现出一定的自控能力
12	碰到困难时，并不低估自己的能力，勇于尝试
13	可以从多方面评价自己的表现
14	可以较好地控制自己不良行为的发生
15	对自我不良的行为能感到羞愧
16	展现出较强的自尊心

宝宝自我意识的培养

·1岁时开始感受自己四肢的能力

　　刚出生的宝宝是没有自我意识的。随着不断长大，宝宝的四肢以及身体力量的进一步增长，尤其是宝宝双手双脚力量以及灵活性的增长，宝宝开始尝试着通过自己的双手拿取东西或者用自己的双脚去踩踏东西。这时宝宝已经开始初步意识到了自己的力量和存在感，同样的，感受自我的同时，开始萌生了自我意识。

　　所以，爸爸妈妈要多多让宝宝用双手玩弄东西，用双脚踩踏东西，最好不要去帮助宝宝，让他自己独立地去感受这些东西。这样，宝宝就能很直观地从多方面感受到自己行为带来的结果，从而有效地发展自我意识的初始阶段——自我感知，为将来进一步的自我评价的产生和发展打下良好的基础。

·2岁是感受言语的力量

2岁大的宝宝开始在语言能力方面有了质的飞跃。爸爸妈妈应该尽早地让宝宝感受到语言的力量。并且通过语言发展自我意识，可以从以下三方面下手：

表达情感	引导宝宝自己学会使用语言表达情感，让宝宝能够带有自己明确的情感来表达自我意识
描述别人的情感	引导宝宝学会使用语言描述别人的情感或行为，让宝宝的自我意识在对别人的情感和行为的感知和评价中同步发展
用名称来指代自己	引导宝宝尽早学会用名称来指代自己。让宝宝感受到他自己的名字带给别人的影响。宝宝会从别人的种种反应中领悟到自己名称的作用和价值，这能很大地发展宝宝的自我意识

·3岁可以使用"我"称呼自己

假若一个宝宝在3岁大的时候还不懂得用"我"去称呼自己，那说明他的自我意识是非常差的。据相关研究表明：3岁大的宝宝里有一半左右已经可以较为精确地使用"我"称呼自己，甚至有1/5的宝宝在两岁半的时候就可以较准确地用"我"称呼自己。

小贴士

让宝宝了解"我"的含义：

爸爸妈妈应该在宝宝两岁半以前就要经常使用"我"字与宝宝交流，尽快地让宝宝理解到妈妈口中的"我"指的是妈妈，爸爸口中的"我"指的是爸爸，逐渐能够理解到任何人嘴里的"我"指的都是他们自己。从而也学会使用"我"来代表自己，进而能够自由表达自己的情感与需求。

让宝宝感受到正确的自我评价

宝宝最主要的学习方式就是模仿，同样的，宝宝的自我意识也是来自对爸爸妈妈自我意识的模仿。所以，爸爸妈妈对自己能力和行为的评价是否准确客观直接影响到宝宝将来自我评价的发展水平。

因为，宝宝会自己比较爸爸妈妈之间相似的能力和行为。如果爸爸妈妈对自己的行为和能力作了错误的自我评价，由于宝宝自身智力和知识水平所限，不会对爸爸妈妈的自我评价做出合理的判断而只能进行简单的模仿。长此以往，宝宝的自我评价和自我意识就会产生很大的误差，而这将严重地影响宝宝的心理健康，不利于良好性格的形成和发展。

· 帮宝宝尽早地树立正反榜样

宝宝的自我评价是否准确直接影响他们自我意识的发展。有研究表明，爸爸妈妈光靠言语是不能很好地发展宝宝的自我评价的。所以，爸爸妈妈要尽快为宝宝树立正反两面的榜样，让宝宝明白正确与不正确行为的区别，而且要长期地向宝宝明确他要学习的正确行为，并进行正反榜样的对比，让宝宝能够理解正确的行为标准进而进行正确的自我评价。

·准确的评价是宝宝自我评价的模板

宝宝自我意识的发展主要体现在自我评价的发展。3岁以前正好是宝宝自我评价产生发展的关键时期。宝宝只有通过模仿爸爸妈妈对自己以及他人的准确评价才能够逐渐学会到准确评价自己以及他人，帮助宝宝的自我意识真正地成长起来。

评价过高造成的影响	如果不正确地对宝宝进行评价，过高地给宝宝正面的评价，那么宝宝无法知道自己的真实能力水平，就会产生过高的自我意识，渐渐变得骄傲自负，而且低估别人。这就会给宝宝和他人的交流和沟通带来不利的影响
评价过低造成的影响	如果给宝宝过低的评价，也会让宝宝对自己的行为和能力产生怀疑，缺乏自信，害怕和别人进行竞争，这样也会对宝宝的自我评价产生负面影响。所以，准确地评价宝宝是帮助他们形成正确自我意识的关键所在

帮助宝宝表达感情，减少他发脾气的机会

宝宝很小的时候就会表达感情，一开始宝宝能够表达简单易理解的情感。他会以大笑来表达内心的欢快，以哭闹表达他的恼怒。但是随着宝宝慢慢长大，他会有更多更复杂的情绪，宝宝想要表达的东西表达不出来，就会产生负面情绪，然后以攻击性的行为表达出来。这时妈妈不能去压制宝宝的情绪，而是要帮助宝宝表达他的情绪。

·要多观察宝宝

妈妈平时要多观察宝宝，与他玩耍或者交谈的时候，你就能够发现宝宝的各种行为细节。了解宝宝的习惯，才能帮助宝宝表达不同的情感。如帮助他表达不满、悲哀的情感等。当他感受到某些特别的东西时，你要及时与他沟通，比如说："刚才吓到你了吧？"这有利于宝宝理解这个世界，并且能提高宝宝的交往和表达能力。

·及时肯定宝宝行为

要及时肯定宝宝的行为，逐步树立起宝宝的自信心和自豪感，促使其在今后的生活中更加注意自己的行为举止。

·妈妈传递正能量

在表达情绪上，妈妈要起到言传身教的作用。妈妈在表达情绪时，对自己不喜欢的行为或者不喜欢的人必须遵循不伤害别人、不伤害自己的原则，不乱发脾气，不乱指责，用正面的方式解决负面情绪，妥善解决。宝宝成长过程中，感受到妈妈的情绪表达方式，就会有意识地模仿学习。

·培养宝宝良好的生活习惯

让宝宝生活有序，按时吃饭、睡觉，有一个时间观念。帮助宝宝认识自己行为的对与错，让他知道"可以这样做，不可那样做"的道理，让宝宝用这些道理来辨别自己的行为是对还是错，久而久之就会使宝宝增强自我控制情绪能力。

·根据宝宝的特点选择游戏

爸爸妈妈可以根据宝宝的特点选择适合的游戏，并在游戏中充分结合自制力、坚持度、自觉性和延迟满足这四项自控能力培养的要素。这类游戏主要有操作类游戏，如自制拼图、拆卸旧物件、种小植物等；娱乐类游戏，如老鹰捉小鸡、捉迷藏等游戏；运动类游戏，如走、跑、跳、钻、投、攀、爬等。

宝宝乱发脾气、对着干，妈妈得有"斗宝"智慧

第五章
Di Wu Zhang

规定家规，
正面引导宝宝性格

 ## 设定明确的家规，宝宝发脾气也不能破例

　　俗话说没有规则不成方圆，教育宝宝也是一样，爸爸妈妈不可以过多地放纵宝宝，家里设定明确的家规，也有利于宝宝走上有规则的成长轨道。

确定家规

　　爸爸妈妈在确立家规时，一定要认真考虑，哪些规矩对宝宝的成长特别重要，并且设定出合理的界限。设定的家规一定要清晰明确，确保宝宝能够理解。在确立家规时，不仅仅是注意宝宝的需求，同时也要注意到爸爸妈妈的需求，不仅仅是针对、要求宝宝，同样对爸爸妈妈也有要求。这样，宝宝才会觉得公平，才会信服，并且有平等和被尊重的感觉。

严格执行家规

　　爸爸妈妈确立的家规，在实际执行过程中，一定会有很多难题。因为宝宝还很小，很多的时候他会仅凭自己的感觉解决问题，但是在宝宝发脾气的时候，爸爸妈妈也要严格执行家规，一定不能对他妥协。这样几次以后，宝宝就不会为了达到他的目的乱发脾气了，而且他渐渐地就能够自主地判断什么是他不能做的。与此同时，爸爸妈妈也要遵守家规的规定，不能只对宝宝一个人严格。

运用奖励纠正不良行为

要改变宝宝性格中的不良因素，其实是个巨大的"工程"，需要爸爸妈妈用自己的智慧来完成。可以用宝宝喜欢的东西当做奖励，通过制定相应的规则，来"诱导"宝宝自主自觉地改正自己的行为。

为了达到自己的教育目标，爸爸妈妈应该奖励宝宝正确的行为。开始的时候，周期一定要短，比如说他一次没有因为找不到零食而发脾气，一次没有因为搭不好积木就乱杂一通等等，就可以得到奖励，以后可以逐渐增加到两次、三次，这样宝宝就为了得到奖励而控制自己的情绪，渐渐地宝宝性格中的不良因素就被排除了。

爸爸妈妈奖励宝宝时，一定要注重教育意义和目的性，同时，奖励应有一定的限度。以下是一些专家给爸爸妈妈的意见：

使用不同的奖励方法

由于宝宝对新事物总是充满好奇，所以，经常更换奖励的方法对宝宝很有吸引力。

奖励要及时

给宝宝的奖励一定要及时，否则就会失去奖励应有的作用。宝宝对自己喜欢的东西记得最清楚，如果爸爸妈妈没有及时兑现或者根本没有兑现，就会让宝宝觉得爸爸妈妈不守信用，也不会再相信他做得好爸爸妈妈会奖励他了。

用奖励的方法同样需要耐心和时间

由于宝宝还小，他的行为习惯还没有养成，所以很多事情不能一蹴而就，即便是要奖励宝宝也需要他慢慢地适应和接受，爸爸妈妈千万不可急于求成，没有耐心，甚至是半途而废。

明确要求

对宝宝的要求尽可能规定得具体一些，可能一下子想不到那么全面，可以在生活中不断地发现宝宝身上需要改正的地方，然后逐渐添加，一定不要笼统地规定，否则执行起来会很困难。

逐步提高对宝宝的要求

对宝宝的要求既不能急于求成，也不要长时间停留在一个水平，如果总是在一个水平，后期宝宝做起来就会很容易，但是这样就达不到教育宝宝让他进步的目的了，可以视情况逐渐提高难度。宝宝可能会不适应提高后的标准，这时不要因为不忍心而退回去，放弃新的标准。如果第一次宝宝没有达到要求，就鼓励他下次努力。

注意奖励限度

宝宝的新习惯巩固了之后，就不要再给他奖励了，爸爸妈妈可以将定期奖励更改为不定期奖励。在奖品的限度上，爸爸妈妈也一定要注意，不要把太贵重的东西当做奖励，以免宝宝养成奢侈浪费的习惯。

宝宝乱发脾气、对着干，妈妈得有"斗宝"智慧

第五章
Di Wu Zhang

专家支招妈妈
与任性宝宝过招

 什么是任性

任性就是说宝宝听凭自己的想法行事，率真不做作或恣意放纵，以求满足自己的欲望或达到自己某种不正当的目标或执拗使性子，无所顾忌，必须按自己的愿望或想法行事。儿童心理学家指出，随着宝宝生理上的不断发育，开始逐渐接触更多的事物。不管这些事物对自己是否有益或适宜，他们都会凭借自身的兴趣和情绪参与其中，这就是所谓的"任性"。因此，宝宝任性是一种心理需求。爸爸妈妈要尊重宝宝这种特点。

 宝宝任性的原因

爸爸妈妈缺乏耐心

俗语说"种瓜得瓜，种豆得豆"，假如在宝宝尚小的时候不尽教导的责任而是一味妥协，就不要期待宝宝将来自动会"变"好。

有的爸爸妈妈缺乏耐心，宝宝一不听话，开始还能坚持原则，可当宝宝继续为所欲为时，就觉得烦了，认为"宝宝还小，不懂事，等他大了自然就会好的"，而不再坚持。其实这些爸爸妈妈不知道，宝宝的自我控制能力还没有形成，他们大多都希望照着自己的意思去做。

隔代教育

隔代教育，这很常见，也极具中国特色。祖辈不仅溺爱孙子，也不忍心严加管教。现在尽管许多年轻的爸爸妈妈都已经意识到其中的弊端，但由于双方都得上班，又信不过小保姆，因此只能把隔代教育进行到底。怎么处理好隔代教育问题，是对年轻爸爸妈妈的考验。

宝宝自制能力差

宝宝自制能力差，易冲动，思维带有片面性及刻板性。爸爸妈妈用训斥、打骂等方式回应宝宝的一切"不合理要求"，导致宝宝产生逆反心理，以执拗来对抗爸爸妈妈，因而助长宝宝的任性行为。

爸爸妈妈过分娇宠

爸爸妈妈溺爱的结果。现代家庭都是独生子女，爸爸妈妈对宝宝呵护倍至，对宝宝的要求诚惶诚恐。无节制、无原则地对宝宝有求必应，生怕让宝宝受一点点委屈，宝宝自然会得寸进尺。

宝宝任性该怎么办

要想知道如何跟任性宝宝相处，首先要对宝宝心理的发育有所了解。幼教专家指出，宝宝性格的形成是分阶段的，2～4岁的宝宝正好处在性格的萌芽期，也是宝宝的"第一反抗期"。

这时期的宝宝不像以往那么听话了，会经常和爸爸妈妈"闹独立"，力图摆脱爸爸妈妈的约束。

他们对一切事物都想亲力亲为、弄个明白，但由于还不具备自我约束的能力，这种亲力亲为的心理通常会在不合适的情况下表露出来，爸爸妈妈如果断然拒绝，反而会刺激宝宝的任性行为。处在性格萌芽期的宝宝对事物的接受能力特别快，因此这期间对其进行正确的教导往往会收到事半功倍的效果。

转移注意力

宝宝的注意力一般比较分散，对同一事物的兴趣持续的时间不长，很快会被其他的新鲜事物所吸引。因此，爸爸妈妈如果能抓住宝宝的这一心理特点，转移宝宝的注意力，就能够救自己脱离困境。

明确告诉宝宝该做什么

当宝宝提出过分要求时，不需要问他"行不行"，而是应该用婉转的话语表达明确的意思，这样有利于提高宝宝的是非辨别能力，减少任性行为的发生。

正视宝宝的正常心理发展现象

处于性格萌芽期的宝宝常常有独立倾向，这时容易被爸爸妈妈认为不听话，其实爸爸妈妈没有意识到，这正是宝宝独立性个性发展的重要标志，是一种正常的心理发展现象。

因此，爸爸妈妈在教育任性宝宝的时候，一定要尊重他们，态度要温柔，用他们听得懂的语言告诉他们为什么不可以这样做。爸爸妈妈一定要明白，2岁的小宝宝绝不是故意要让爸爸妈妈生气的。

爸爸妈妈如果横加指责和打骂，宝宝虽然可能暂时听话，但其自尊心和自信心会大大受挫。不要以为宝宝不懂事就可以不尊重他。宝宝往往可能从爸爸妈妈的神态和语态中检测爸爸妈妈是否真的喜欢他疼爱他，对他是责骂抑或是鼓励。

成功的爸爸妈妈能够从宝宝的角度来看待问题和解决问题，设身处地地体会宝宝的想法和感受，用正确的办法化解宝宝的任性行为。

 专家支招破解宝宝的坏行为

故意做坏事，还做鬼脸

·专家解密

有两种可能，一是不愿做爸爸妈妈交代的事情，二是想以此引起爸爸妈妈的注意。特别是有客人时，宝宝有时会感到被忽视，而故意"不听话"引起爸爸妈妈注意，即便是挨骂。做鬼脸，很可能是有次他偶尔做了，获得成功：爸爸妈妈忍俊不禁，化气为乐，不再处罚他。

·一对一支招

平时不要忽略宝宝被注意的需要。对他的鬼脸不予理睬，让他知道，如果想要大家注意你，可以用语言表达，如"我觉得没人理睬我！"

不断要新玩具

·专家解密

这样的宝宝有很强的探索欲，同时喜欢新玩具，这也是宝宝普遍的心理。但宝宝真正在意的不是玩具是否"新"，而是是否有"新"的玩法，这是满足宝宝探索心理的需要。此外，这与爸爸妈妈购置玩具的特性也有关，如漂亮的玩具汽车只能开来开去玩，宝宝玩两天就厌了；若是可拆装可变换造型的汽车，宝宝就能反复琢磨玩。要是爸爸妈妈再加以引导和鼓励，宝宝就更能玩出创意、玩出名堂。

·一对一支招

多提供结构性玩具，让他们拼拼拆拆。引导宝宝旧玩具新玩法或把废弃物当玩具，他也会兴致勃勃的。如把旧报纸揉成球当足球踢，宝宝一定大为开心。

要玩，不肯回家

·专家解密

这种宝宝精力特别旺盛，玩性特别强或是平时玩得太少而玩起来不肯收场，这是人的天性。玩兴正浓时让宝宝离开，无疑需要巨大的意志力，请理解宝宝。

·一对一支招

让宝宝尽可能尽兴玩。平时给宝宝更多的户外运动机会，使其充沛的精力得到释放；提前告诉离开时间，给宝宝一个心理准备，会取得较好的合作。平时，爸爸妈妈要强调并做到"说话算数"，还要夸大地表扬宝宝如何遵守约定。

化妆品刷墙

·专家解密

你有一个充满创意并敢于尝试的宝宝。千万别骂他，如果你"制止"成功，你可能扼杀了一个"爱因斯坦"！

·一对一支招

宝宝的行为提示，他对探索自然感兴趣。请和他一起把厨房变成实验室，带他做油盐酱醋糖"搅和"的实验。或为他提供各种颜料，让他混合，观察变化，并提供丰富的科普读物。最好，从此你对科普也产生浓厚的兴趣。

用虫吓姐姐

·专家解密

这是儿童的恶作剧，也是宝宝的幽默。他要的就是"姐姐尖声哭叫"的效果。须知，幽默是智慧，幽默是乐观，不可粗暴扼杀。

·一对一支招

常带宝宝看幽默漫画，讲幽默故事，同时关照宝宝使人生气、害怕的行为"不可以"。平时，在教育宝宝的过程中，也可运用幽默的技巧。如果宝宝想去游泳不得而大哭，爸爸妈妈可以说，"有个人哭呀哭，哭出两缸眼泪水，结果就在泪水里游泳了"，宝宝会觉得很滑稽而破涕为笑。

情绪戏剧化

·专家解密

每个宝宝的气质、情绪稳定性都会有差异。一般而言，宝宝越小，情绪稳定性越差，成熟也意味着情绪稳定性提高。爸爸妈妈要检视自己的情绪状况，神经质的爸爸妈妈很容易带出情绪不稳定的宝宝。

·一对一支招

爸爸妈妈务必情绪稳定，视变不变，视乱不乱。处理事情态度温和但坚定，以健康、稳定的人格去潜移默化影响宝宝并帮助宝宝学习控制情绪。同时要准备打持久战。所幸，宝宝的可塑性很强，随着月龄增大和良好的教育，其情绪稳定性将逐步提高。

上幼儿园哭

·专家解密

这是分离焦虑，多发生在刚入园或因病长时间没上学的宝宝身上。若非上述情况，原因就比较复杂，可能是老师、小朋友令他不愉快，甚至害怕，或自身依赖性太强。

·一对一支招

要经常和老师沟通，老师对宝宝是否喜欢幼儿园起关键的作用；若是宝宝自身的问题，在家要逐步培养其独立性，改变就要从家里做起。

当众大哭大闹

·专家解密

玩具对宝宝有特殊的诱惑力，抗拒诱惑不容易，一旦得不到，宝宝就会大哭大闹。若宝宝因哭闹而得到满足，他将学会以哭闹要挟你。

·一对一支招

商场不是天天去的场所，带宝宝去一趟，给他买个玩具也不算过分。若肯定不能满足他，就不要带他去卖玩具的店铺。

缠人撒娇

·专家解密

早期母子相处时间太少，宝宝就可能特别黏妈妈。

·一对一支招

妈妈要注意主动亲近宝宝，而不是在宝宝黏你的时候才予以满足。如果必须要宝宝黏你，你才注意他，那么，他就学会黏你。每天约定一个特定时间，让宝宝知道这个时间妈妈属于他。如果，宝宝总是处于不知妈妈什么时候会陪伴他的焦虑状态中，妈妈一旦被他"逮住"，自然就不肯放手。

攻击性行为

·专家解密

宝宝和小伙伴有小冲突的时候，你绝对不可以忽视那些小小的攻击性行为，比如推倒小弟弟或掐小朋友。如果这时你不管教的话，宝宝到了8岁左右，这种不良行为就会积习难改了，他会认为伤害别人是可以被接受的。

· 一对一支招

　　正面应对攻击性行为。把宝宝拉到一边心平气地的告诉他，"那样会伤了妹妹，如果她这样对你，你会怎样呢？"告诉他任何伤害别人的举动都是不可以的。在下次出去玩之前，提醒他不要粗鲁霸道，帮他练习生气时该说些什么。也可以给他一点小小的惩罚，如果他再犯的话，不让他出去玩。

无视规则

· 专家解密

　　如果宝宝能自己拿零食吃，自己放DVD，当然很方便，但是有些吃的，比如糖果不是可以随心所欲地吃的，也不能一整天都在家里看DVD。放任宝宝不遵循规则做事情绝对不是好办法。

· 一对一支招

　　制定几项家规，并经常和你的宝宝谈论这个话题，比如，告诉宝宝："你得问问可不可以吃糖，因为这是规矩。"如果宝宝在规定时间以外的时候就打开电视，告诉他把电视关掉。并且大声清楚地陈述规则，这将有助于让宝宝铭记在心。

假装听不见你说话

· 专家解密

　　收拾玩具、自己拿水喝，当你提醒宝宝做些他不爱做的事，一次、两次、三次，甚至四次，他仍然像没听见一样，这时你不能忽视了。因为这样下来传递的信息是无视妈妈的指令。如果你纵容宝宝继续这种行为，你的宝宝很可能会变得目中无人，并极有控制欲。

· 一对一支招

　　不要在房间的另一侧跟宝宝说话，走到他面前，告诉他该做什么。谈话时，让他看着你，并且回答"好的，妈妈。"轻抚他的肩膀，呼唤他的名字，关掉电视都会有助于吸引他的注意。如果他不听话的话，告诉他后果是什么。

使小性子

·专家解密

你或许以为宝宝在幼儿期前不会跟你翻白眼，或说话傲慢无理，但是傲慢的举止通常在宝宝能够模仿大孩子的时候就开始了。一些爸爸妈妈以为这只是阶段性的，于是就置之不理，但是如果你不正面应对这一问题，你会发现宝宝大概上三年级的时候会没有朋友，并无法与老师和其他成人融洽相处。

·一对一支招

让宝宝清楚他自己的行为。举个例子，告诉他"你这样翻白眼，好像是不爱听我说的话。"这并不是要让宝宝感觉难为情，而是让他明白这样做可能会失去朋友的友谊和爱戴。如果他坚持不改的话，你可以不理他并走开。你可以这样说："你如果这样和我说话的话，我听不见。当你准备好有礼貌地说话时，我才会听。"

打断谈话

·专家解密

可能宝宝迫不及待地想要告诉你什么或问你某些问题，但是如果纵容他打断你的谈话，却不利于教会宝宝为他人着想，更不会让他学会在你忙碌的时候如何自己打发时光。结果将会是他认为自己有权汲引别人的注意，并不能忍受任何挫败。

·一对一支招

下一次在你要打电话或跟朋友聊天之前，告诉宝宝他要保持安静、不能打扰你。给他安排点活动或者让他玩一个他平时没玩过的玩具。如果你在谈话时，他缠着你，你可以指指椅子让他安静地坐在那儿，耐心等你谈完。之后告诉他干扰别人是不礼貌的。

无中生有，夸大事实

· 专家解密

也许一个还不会叠被子的宝宝说自己整理了床铺，或是一个甚至还没坐过飞机的宝宝告诉同伴他去过迪斯尼，这些夸海口的行为似乎无关紧要，但一定要警惕宝宝的不诚实。

专家认为："如果宝宝了解到说谎可以很容易美化自己，可以避免让他做那些他不爱做的事，让他摆脱闯祸的困境，撒谎就变成很自然的事了。"

· 一对一支招

当宝宝说点小谎时，坐在他身旁，直截了当告诉他。去迪斯尼当然很有意思，说不定我们哪天就会去的，但现在还没去过，你不该告诉小妹妹说你去过。告诉他，如果总是说谎的话，人们就会不相信他的话了。看看他撒谎的动机是什么，别让他的小谎话不断得逞。举个例子，如果他还没刷牙就说刷过了，要让他回去再刷。当5岁的潇潇开始说谎时，她妈妈给她讲了"狼来了"的故事，说谎的宝宝在狼真来了的时候，没人相信，没人来帮她。讲故事可以有助于宝宝正确看待问题，宝宝会慢慢学会非常坦率。当你不相信他的某些话时，他会很坚决地维护自己。

不爱洗手

· 专家解密

经常不洗手的宝宝可能会接触到一些可怕病菌，比如说寄生虫、排泄类病菌，甚至甲肝。

· 一对一支招

对于不爱洗手的宝宝，爸爸妈妈一般都会不停地警告，其实这样一点帮助都没有。尤其对于2～3岁的宝宝，你一威胁，他必定反抗，如此一来，反而恶化了亲子关系。如果你想改变宝宝的行为，就必须采取行动，而不是一再地唠叨。对于忘记洗手的宝宝，爸爸妈妈可以温柔地提示。提醒他吃饭前，出去玩之后，更重要的是，上完厕所后一定要洗手。但要注意语调，切勿含有责罚的意味。

挖鼻孔

·专家解密

虽然接触到鼻涕并不会让宝宝生病，然而挖鼻孔却是感染疾病的一个主要途径。

·一对一支招

转移注意力通常是很有效的。给他一本书或玩具，任何能占着手的东西都行。向宝宝解释挖鼻孔会传染病菌。随身携带纸巾，在他伸手挖鼻子时立刻递给他。让鼻孔湿润会减轻瘙痒感。冬天在他的卧室里放个加湿器会有助于避免晚上睡觉鼻涕变干。

咬指甲

·专家解密

宝宝的指尖可能会流血、感染。咬脏指甲也会传染细菌。

·一对一支招

大多数小宝宝在无聊时咬指甲，此时不妨分散一下他的注意力，比如用音乐、书或画笔和纸等等。

说脏话

·专家解密

宝宝刚会说话，好奇心强，有一种情不自禁的模仿本能，听见别人说一句脏话，可能他并不知道这句话的意思就跟着学了，爸爸妈妈如果不及时教育和引导，宝宝会养成说脏话的习惯。

·一对一支招

遇到宝宝说脏话时，爸爸妈妈不必要过分大惊小怪，只要做好预防和引导就可以了。2～3岁的宝宝，就可以跟他讲道理了，只要爸爸妈妈能耐心向宝宝说明他就会信服。运用解释与说明是向宝宝传达正面社会价值的好方法。在解释过程中，尽量让宝宝理解，这些粗俗不雅的语言，是不被大家接受的，它们传达着不好的侮辱意味。可以试着询问宝宝：他真正想说的是什么？如果换个方式，他会怎样表达？爸爸妈妈一定要避免恶言威吓，得让宝宝知道，你们很愿意和他讨论问题。

爸爸妈妈怎样面对宝宝的不良习惯

发挥榜样作用	榜样的力量是无穷的。针对宝宝难以改正的坏习惯，不妨在平时生活中树立以榜样，例如，找一位月龄相近的小朋友来住一些日子，天长日久，好的习惯会自然形成，不知不觉中就改变了
循序渐进效果好	宝宝的坏习惯不是一天两天养成的，所以，纠正要有耐心，不能要求太高，也不可操之过急
善于抓住时机	宝宝的多数坏习惯是无意识的，教育宝宝摆脱坏习惯要抓住时机，立即纠正
利用讲故事改缺点	通过讲故事等寓教于乐的形式，让宝宝意识到自己身上的缺点
转移注意力	宝宝屡教不改千万不能认为宝宝故意反抗，也许宝宝自己还没有意识到又犯错了，可以根据宝宝的喜好转移注意力，细心的爸爸妈妈可以在家里显眼的地方，挂上简明的提示图，时时提醒宝宝改掉坏习惯
宽容的态度	"海纳百川，有容乃大。"对于宝宝，永远要心平气和，与其批评，不如鼓励，要培养宝宝的自觉性，引导他逐步去解决学习生活中遇到的问题，永远不要把他与别人盲目攀比，甚至表现出失望，或者粗暴行为，因为宝宝也是有自尊的

纠正任性宝宝的不良习惯

养尊处优以致适应、自理、生存能力下降是现代宝宝的通病，为此，适时的挫折教育对宝宝的健康发展是必要的。那么，何为挫折教育？不是通常大多数爸爸妈妈所认为的批评、罚站、挨饿、孤立、降服等，它也不是很多爸爸妈妈以为的通过吃苦，摆脱溺爱就能解决的。相反，诸如此类的强行措施只会导致宝宝的逆反心理，得不偿失。

通常认为，挫折教育首先应该是抗挫折教育：使宝宝敢于面对困难，机智的应付困境和着力解决难题。挫折教育要根据宝宝的性格特征，有的放矢地进行有效教育，外向型可直言不讳，内向型要旁敲侧击，绝不是苛刻的批评，大声的谩骂和责备或者与宝宝对着干，那样会让宝宝的脾气越来越坏。

其次要给宝宝和谐的人际环境，如定期邀请宝宝的朋友到家中聚会，多创造一些让他们自由交流的机会，要鼓励宝宝多交朋友，让宝宝遇到挫折时，有倾诉和寻求帮助的对象，减轻宝宝的压力，有个轻松的心情，宝宝的性格也会朝着好的方向发展。

再次，在日常生活中，多让宝宝参与一些家庭决策，爸爸妈妈可以适当把责任下放，如买了假冒商品可以让宝宝去退换，可以让宝宝交涉等，如果宝宝成功了，要及时鼓励，说些"比爸爸妈妈强"的话。

·批评

现在的宝宝承受能力极差，听不得一点批评，即使做错了也不能批评。宝宝长大之后，怎样承受来自批评的压力。因此，爸爸妈妈要给予宝宝必要的纪律约束和适当的批评。如果错误比较严重，批评还可更严厉些，这样有助于他们的心理的健康。

·处罚

要让宝宝在挫折感中学会自我调节，对于宝宝所犯的错就要给予适度处罚，或精神上的，或物质上的，比如，把他关在安全的地方，自我反省；不给他买想要的玩具，除非他改正错误等等，只要是不妨碍宝宝正常生活及安全的处罚手段都可以用。

·忽视

我们总是一味地以宝宝为中心，无论是在哪种环境中，主角都是他。事实上，一旦所处环境发生变化，他就很有可能由主角变为配角，甚至是不被重视，那么怎样让宝宝适应其中角色的转变，调整心态以适应新环境是非常重要的一件事。所以我们时常把中心点转移，让他适应新的变化，以便他进入社会后能及时调整心态。

·劳累

即使宝宝上了小学，有些爸爸妈妈或爷爷奶奶仍然伺候着。早上怕宝宝上学迟到，还要帮忙穿衣服，天天接送，使得宝宝吃苦能力差，肢体懒惰，肌肉无力，不仅阻碍身体的发育，还会影响智力发育。所以，爸爸妈妈要有意识地锻炼他们，让他们多参加一些户外活动，接受挑战，战胜自我。

 ## 不要溺爱也不要专制

不要过分溺爱

有时候，爸爸妈妈的精心呵护反而会"伤"了宝宝。比如，有些爸爸妈妈，总怕宝宝走着会摔倒，会累着，于是喜欢用车推着宝宝或是抱着宝宝。这样一来，宝宝活动量小，协调能力、大肌肉的锻炼都不够，活动能力就特别差。宝宝吃饭、穿衣、收拾玩具，家人总是包办代替，会造成宝宝的动手能力和自理能力差；宝宝和小朋友发生争执，爸爸妈妈挺身而出，为宝宝讨公道，这种看似对宝宝的爱，会使宝宝今后生活能力差，一旦没有外力帮助，就会大发脾气，社交能力差无法面对外面的社会。正确做法是放开手，让宝宝自己收玩具，自己吃饭，摔倒后自己爬起来，能使宝宝更快乐，更有成就感。

不要过分专制

有的爸爸妈妈认为管教宝宝，就要从小做起，让宝宝绝对服从自己的意志。宝宝想要红色的玩具，妈妈却认为绿色的好看，于是买下绿色的。宝宝想看动画片，妈妈却认为另外的历史故事更有意义，一切都是爸爸妈妈做主，宝宝没有任何可选择的余地。时间长了，宝宝就会变得畏畏缩缩，从而局限了宝宝的智力发展。正确做法是当宝宝提出的要求合理时，尽量尊重宝宝的选择，而不要把成年人的思维强加给宝宝。

一边合理化认同宝宝，一边引导他接受现实

宝宝的好习惯、好性格都是靠好妈妈耐心教育出来的，所以妈妈一定要用积极的心态来面对宝宝。不要一点小事就把宝宝想得很糟糕、很不好带，因为没有天生坏脾气的宝宝。

宝宝发脾气，肯定是有他的原因，有时候是爸爸妈妈没有满足他的要求，而更多时候则是想让爸爸妈妈理解他的想法和感受。这个时候，最好的办法就是给宝宝合理化的认同，先稳住定宝宝的情绪，然后再引导他接受现实。

合理化认同

合理化认同有很多种形式，比如耐心的倾听、肯定的语言或者是一个善意的眼神等。但是妈妈一定要注意，无论是什么形式的认同，都必须是宝宝能听得懂并且能接受的，这才是有效的合理化认同。刚开始，可能妈妈找不到适合宝宝的方法，但是多尝试几次，就一定能够找到对的那种形式。

耐心引导

在稳定住宝宝的情绪后，妈妈再耐心地给宝宝讲道理，引导他接受现实。所谓"引导"是要妈妈在教育宝宝时为他把握对的方向，而不是强制管束。"耐心"则是要妈妈一定要做好和宝宝打"持久战"的准备，并且要注意自己的态度一定要温和。在宝宝成长的过程中，会有很多事情发生，好的坏的，开心的不开心的，不可思议的，但是无论是怎样的事情，妈妈都必须对宝宝有耐心。即便是宝宝犯了大错，妈妈也应该冷静面对，一定不要大声责骂宝宝。

宝宝乱发脾气、对着干，妈妈得有"斗宝"智慧

第五章
Di Wu Zhang

多与那些理解
你和宝宝的人来往

 当老年人阻止训导宝宝时，耐心向他们解释并坚持己见

目前，很多家庭选择由爷爷奶奶、外公外婆帮助带宝宝，这样就会形成爸爸妈妈跟爷爷奶奶、外公外婆的一些冲突关系。因为两代人具有两个时代不同的价值观，所以对宝宝的要求和教育观念肯定是截然不同的，另外，作为隔代人，爷爷奶奶、外公外婆常常会溺爱宝宝。在爸爸妈妈管教宝宝时，他们就会出面"求情"，这样时间一长，只要有事情宝宝就会请爷爷奶奶、外公外婆来给他"撑腰"。

不要和长辈硬碰硬

许多爸爸妈妈常会报怨自己的父母过多干涉他们教育宝宝的态度，气他们太溺爱孙子孙女。不要强迫父母接受自己的教育方式，改变他们的教育态度，因为他们有疼爱自己孙子孙女的权利，而且这样做会让父母伤心，甚至造成家庭成员之间的摩擦和嫌隙。和父母进行一次不卑不亢的谈话，给他们分析过分溺爱宝宝的坏处，如果在沟通的基础上，最终能够达成意识上的统一，那就最好不过了。

坚持自己的教育态度

在长辈出面"求情"或者干预的情况下，爸爸妈妈还是要有自己的原则和态度，坚持己见。这样每次宝宝发脾气或者无理取闹的时候，他都会知道爸爸妈妈是什么态度，找"外援"也没有用，他就不会再为了达到某种目的而乱发脾气了。

"夫唱妇随"与"妇唱夫随"

对任性的宝宝，爸爸妈妈常持不同的态度，成年人都具有趋利避害的本能，何况是缺乏自主性和意志力的宝宝。当爸爸妈妈对宝宝提出不同要求时，宝宝总会倾向于对自己有利的一方，或者"钻空子"，找袒护自己的一方寻求"保护"。长此以往，不仅不利于宝宝性格的培养，还有可能使爸爸妈妈之间产生矛盾。而且，爸爸妈妈对宝宝的教育意见不统一时，会让宝宝觉得爸爸妈妈都是不对的。这样，爸爸妈妈在宝宝面前的威信就逐渐被减弱了，宝宝会越来越不听话，自己想怎样就怎样。

事先商量

在教育宝宝时，爸爸妈妈有分歧是正常现象，但是，千万不要在宝宝面前流露出来，在时间允许的情况下，爸爸妈妈应事先商议，争取统一的意见。如果来不及先商量，爸爸妈妈当中有一方对宝宝提出了要求，另一方就要持支持的态度，如果有不同看法也只能在事后再进行商议。

不分年龄

无论什么年龄段的宝宝，爸爸妈妈的教育方法都要保持一致性，不要因为宝宝小而放宽"政策"，否则，宝宝长大了，习惯一旦养成，再想要纠正，就是一件很艰难的事情。

第五章
Di Wu Zhang

宝宝这些行为
也是"坏脾气"

 ## 宝宝说谎怎么办

　　爸爸妈妈大多都会给宝宝讲"狼来了"这个故事，那个说谎的宝宝最终被说谎的行为所害，于是爸爸妈妈、老师以及所有的长辈都告诫宝宝，一定要听爸爸妈妈的话，要说真话不能说假话，说谎是极其不对的。但是事情往往是不如人愿，也许"人之初，性本恶"，也许人类基因就是这样，当宝宝学会了说话，在开始漫漫人生之路时，也就开始了说谎的经历。

3岁宝宝说谎的原因

　　2～3岁的宝宝根本不知道什么是说谎，没有目的地说了不符合实际的话，只是表达自己的想法而已，抑或只是思维产生混乱罢了。

说谎和记忆有密切关系

　　对于宝宝常常偏离现实的说法，这种非谎言的谎言最大原因是记忆力的混乱。

· 宝宝多大开始"说谎"

　　宝宝并非在有了理解能力之后才开始说谎。"从宝宝一会说话开始，就说起谎来。宝宝在两岁半到三岁时就会讲十分完整的谎话了。"

·2～3岁宝宝记忆力的特点

2～3岁是宝宝记忆力超常发挥的时候，就像在一张白纸上画画一样，宝宝看到的都会记录下来，但也常常会发生错位。

比如，宝宝老为玩具吵架，其实有时候可笑，早玩了5分钟玩具的宝宝会单纯地认为这就是他的玩具，记忆力告诉他，这就是我自己在玩的，后来要还给主人或有其他小朋友来玩时，他就会不乐意了。

又比如，宝宝会像模像样地形容一件今天没有做过的事，其实只不过是记忆力告诉他，曾经有过这件事，但他没有概念什么是今天，什么是昨天而已。

·正确对待这类说谎的做法

纠正错误：无论是时间上的错误，还是认识上的错误，都要用宝宝能理解的语言解释给他听，告诉他错在哪儿。这种情况会经常出现，需要爸爸妈妈耐心地重复同样的道理。

不要谴责：3岁以内的宝宝并不知道何为说谎，所以完全没有必要大惊小怪地批评他，也许他只是忘了，或者时间混淆了而已。爸爸妈妈一定要知道，3岁的宝宝记忆力跟成年人是不一样的。

不要事后追究：有些爸爸妈妈在责怪宝宝把饭打翻，弄得满地都是的同时，顺带指责宝宝在刚送来的报纸上乱写乱画，这时宝宝可能会矢口否认，于是爸爸妈妈以为宝宝是在说谎、抵赖。其实，宝宝很可能根本就忘了这回事，爸爸妈妈这样责怪他，他反而会觉得很委屈，不知自己究竟做错了什么。

不要采用体罚：虽然对幼小宝宝而言，体罚是最有效的手段，但这种手段不能滥用，更不能以爸爸妈妈的身份强制使用。了解宝宝的生理特点，了解宝宝说话的前因后果，不要认为他说的和现实有冲突，就自以为是地界定为"说谎"，为这件事而惩罚宝宝。

 宝宝打人怎么办

几乎每个妈妈都会碰上这样的事情：宝宝过了两岁，不知从哪天起，他只要一生气，就给你一下子，养成了习惯后，更是频频出手，不分场合，随时随处都有可能以迅雷不及掩耳之势袭击别人。

打人的定义

打人在心理学上称之为儿童攻击行为，多是因为欲望得不到满足，采取有害他人、毁坏物品的行为。一般在3~6岁出现第一个高峰，10~11岁出现第二个高峰。爸爸妈妈要针对不同的原因，想出制止的破解招数。

阻止宝宝打人的8大妙法

·不再溺爱宝宝

打人原因：自我意识开始萌发。事事都是"我"字当头，这是宝宝爱打人最主要的原因。

妙法详解：需求性攻击行为主要是由于爸爸妈妈的溺爱造成的。爸爸妈妈平时对宝宝有求必应，当宝宝的愿望不能满足时，就会有攻击性行为。这种情况下，爸爸妈妈要对宝宝的行为及时制止，并可作适当惩罚，如立即取消目前他最想得到的奖赏或者游戏。但是要注意控制程度，尤其是有外人在场时。更要讲究方式方法，不要挫伤宝宝的自尊心，从而使宝宝产生逆反心理，使攻击性行为得以强化。

·打造平和环境

打人原因：宝宝社交能力差。有些宝宝想要一样东西，别人却不给，他又不懂如何"要"，于是就打人。

妙法详解：营造平和环境听上去很玄，其实很简单，就是提供足够的玩具及宽广的活动空间，避免宝宝们因碰撞或抢夺玩具产生攻击性事件。最重要的是别给宝宝具有攻击性的玩具，玩具手枪、弹弓等。

·严厉制止

打人原因：爸爸妈妈娇惯，开始打人的时候没有严厉制止，形成了习惯。

妙法详解：很多宝宝一而再、再而三地打人，往往是因为刚开始的几次"尝试"没有受到立即有效的制止。因此爸爸妈妈面对有暴力倾向的小霸王，最好要大喊一声"住手，宝贝！"立即制止其打人行为。但是，不要体罚宝宝。体罚会给宝宝带来不良的影响，使他感到委屈、无助，甚至产生抵触情绪。

·远离电视

打人原因：模仿。看电影、电视上有打人的镜头，觉得好玩，于是就模仿。

妙法详解：电视节目大多是针对成人而设计的，不可避免地会出现很多争吵和打斗镜头。最简单的办法就是让宝宝远离电视，只在少儿节目时间开机，其他时间让给弥足珍贵的家庭活动，如陪宝宝搭积木、给他讲故事、和老人交谈……沐浴在轻松和睦家庭气氛中的幸福宝宝，怎么会挥起他的小拳头？

·经常表扬宝宝

打人原因：宝宝希望被别人注意。爸爸妈妈或幼儿园老师忙于其他事务时，往往会忽略宝宝，宝宝就会用比较强烈的破坏性举动来引起注意。比如家里有客人来访时，大家的注意力集中在客人身上，宝宝感到失去了平日的焦点地位，产生了失落感，很容易寻衅闹事了。

妙法详解：要经常表扬宝宝的良好行为，让他明白，只有做好宝宝才能被人喜爱、关注。这样，当他想引起别人的注意时就不会动用暴力。另外要适时给予宝宝一些体贴的询问，如"你是不是不高兴了？妈妈和阿姨说话，忘记和你说话了。""告诉妈妈发生什么事情了？"倾听宝宝的诉说，让他觉得自己并没有被遗忘。

·帮宝宝发泄

打人原因：身体不舒服。一些生理因素导致烦躁，比如在饿了、累了、生病、出牙不舒服等情况下，宝宝可能会通过打人发泄。

妙法详解：爸爸妈妈要懂得帮助宝宝宣泄情绪，让心情由阴转晴。选择适当的场合，让宝宝把心头的不快发泄出来，避免进一步发生攻击行为。爸爸妈妈可以和宝宝说："我知道你很难受，你可以跟妈妈说说是什么让你不舒服了，或者喊叫，或者把不愉快的事情画出来。但绝对不能打人。"甚至可以让生气的宝宝捶打一件无关紧要的东西，总之要给宝宝打开一个疏泄情绪的窗口。

·帮宝宝减压

打人原因：生活变化大，不能适应，比如搬迁、换保姆、上幼儿园等。宝宝不了解怎么回事，又不会表达，于是出现打人现象。

妙法详解：有些宝宝对生活环境的变化非常敏感，会有些心理压力，给宝宝减轻压力最好的办法是缓解宝宝紧张的心情。有个以不变应万变的办法是常带宝宝走出家门，暂时离开几个房间、几个人的小环境。在户外跑一跑，阳光、蓝天、新鲜空气、肢体运动胜过千言万语。眼界打开了，心胸也拓宽了，更容易形成开朗和乐观的性格。

·家人和睦

打人原因：爸爸妈妈或家人的"榜样"可能令你没想到的是，也许你就是宝宝打人的"老师"。你有没有因为心情不佳，粗暴地回应别人友善的言语？你有没有和爱人为了一本有趣的杂志争抢不休？在宝宝的思维中，存在即是有理。他的眼睛看到的一切，都将转化为他的行为。

妙法详解：家庭是宝宝的主要生活环境，他在观察和模仿这个小世界里发生的一切。因此，要营造良好的家庭氛围，建立一种平等、民主、和谐的关系，爸爸妈妈争吵时要尽量避开宝宝，家庭成员之间绝不能有攻击性行为。

宝宝怕生、不合群怎么办

宝宝怕生的原因

宝宝刚一生下来，不会有认生的概念，因为宝宝的视力及智力还不能辨别哪个是爸爸妈妈、哪个是阿姨，这时候，无论是谁抱他，他都不会害怕，因为没有意识记住每个见过的人，只要有人在身边，他就很安静。在宝宝6～9个月的时候，宝宝只能应对发生在眼前的事情，他的世界基本上都在眼前。所以，当宝宝的面前出现一个生人的时候，他就无法理解为什么他不熟悉这个人，而且他也想象不出这种情况会产生什么结果，所以宝宝的表现就会是害怕得哭了。

1岁前的婴幼儿怕生取决于哪些因素	
爸爸妈妈是否在身边	如果有爸爸妈妈或亲密的家人在身边，宝宝对陌生人就不那么怯生
宝宝对环境的熟悉性	宝宝在熟悉的环境中产生怯生的程度，比在不熟悉环境中的怯生程度要小得多
陌生人的特点	宝宝怯生主要是对陌生的成人，而对陌生的小朋友则较友好，容易亲近。脸部表情较悦目、慈善，温和者也不会使宝宝感到很胆怯
与人接触的机会	很少与家人以外的人接触的宝宝容易怯生，尤其在三口之家，宝宝怯生现象更为突出。一般来说家庭成员较多的宝宝，怯生要少些、轻些
从小受到各种感官的刺激	宝宝听得多了、看得多了就习惯去接受各种新的事物，对物或人有了较强的适应性

减轻宝宝怕生人的程度

也许上文的说法已经让妈妈们舒了一口气，但一想到宝宝在客人面前涕泪横流的烦人样，心头必定又会一紧。还是把怕生的程度稍稍减轻点吧。以下几个方法可以减轻宝宝怕生。

· 妈妈陪在身边

如果有妈妈或其他亲密的家人在身边，宝宝对陌生人就不那么害怕。所以，在未熟悉前，尽量不让生人突然接近独处的宝宝，以免宝宝受到惊吓而畏缩。应由妈妈陪着循序渐进地接触生人，先抱着让宝宝在远处观望生人，然后离得近一点让他与生人接触，慢慢地接近陌生人可以使他的焦虑或恐惧程度降低。

· 处于熟悉环境中

宝宝在熟悉的环境中，产生怯生的程度比在不熟悉环境中的怯生程度要小得多。可以在家里宴请客人时，增加宝宝与人交往的机会，扩大他的交往范围，不断增强他的感知能力、识记能力和记忆储存能力；让宝宝与经常见面的左邻右舍打个招呼，问个好；再慢慢过渡到走亲访友；带宝宝去公园和同伴嬉戏；利用乘车、散步的机会让宝宝和陌生人接触等。

· 对生人有选择

宝宝怯生主要是对陌生的成年人，而对陌生的儿童则较友好、容易亲近；此外，脸部表情较悦目、慈善、温和的陌生人也不会使小儿感到很胆怯。所以应尽量避免让宝宝一开始时就接触态度不佳或讲话很大声的长辈，以免吓到宝宝。

· 通过游戏增加交往经验

很少与家人以外的人接触的宝宝容易怕生，尤其在三口之家，由于种种原因（如爸爸妈妈本身少交际，怕宝宝外出遭意外而关在家中），宝宝怕生现象就更为突出。相反，如果宝宝受到各种感官的刺激越多，怕生程度就会越小。

妈妈可以拿宝宝平时喜爱的布偶，陪宝宝玩角色扮演的游戏，如"陌生人来我家做客"，"宝宝去小朋友家玩"等，利用一些已经发生或还未发生的小故事玩一场布偶剧，以增加其交往经验。宝宝听得多了、看得多了，自然就会习惯去接受各种新的事物，从而对物或人有较强的适应性。

如何判断宝宝是否合群

不同年龄的宝宝合群性有所不同，若宝宝的表现是在该年龄层的正常范围内，其实爸爸妈妈可以不必太担心宝宝不会分享的行为，因为0～3岁的宝宝本来就只有"我"的概念，以自我为中心，完全没有与别人分享的概念。

2岁以前：旁观行为——当其他宝宝在玩时，他只在一旁观看，偶尔向正在玩的宝宝提供意见或交谈，但自己不参与游戏。

2～2.5岁：单独游戏——宝宝在活动中身体和心理都是独立的，都在自己的世界中玩耍，与身旁他人没有交谈等任何社会互动。

2.5～3.5岁：平行游戏——两个宝宝在相同时间、相同地点玩同样的活动时（或成人为尽量接近宝宝而与其玩同种玩物时）彼此各自游戏，互不干扰，没有互动（指没有目光接触及任何社会行为）。平行游戏是介于社交不成熟的单独游戏及社交成熟的合作游戏之间的一个转折点。

3.5～4.5岁：联合游戏、协同游戏——宝宝虽与其他宝宝在一起玩，但彼此之间没有共同的目标或相互的协助，仍以个人的兴趣为主，从事个别的活动之后，其间仍有相当程度的分享，加入同伴的活动和广泛的语言交流。

4.5～7岁：合作游戏——两个宝宝有共同目标，且所有参与者均能扮演各自的角色，彼此有分工及协助时，即会产生此类型的玩法。

7～11岁：规则性游戏——此时期的宝宝会遵循一些可被了解、认同及接受的规则来游戏。此游戏在本质上可以是感觉动作的，如玩打弹珠或抛接球游戏；也可以是各种类型的智力游戏，如玩跳棋、扑克牌或大富翁等。并均具备两个特点：一是此游戏需在两人或多人间竞赛；二是游戏过程中大家必须遵守事先同意的游戏规则，不可任意更改。

培养宝宝合群性的建议

为了培养宝宝独立处理问题的能力，爸爸妈妈就要把学习的空间腾出来，在没有成年人参与的情况下，让宝宝自己去面对各种从未遇到过的问题：要让同伴接纳自己，和自己一起游戏，那就要表现得很积极和友好；要保护自己的利益不受到侵害。给宝宝独立的机会，才能不断地激励他们向前探索，让他们通过各种途径提高自己的交往能力，这些都不是爸爸妈妈陪着玩玩就可以学到的。

比如小伙伴在荡秋千，宝宝也很想玩一下，这时候宝宝自己肯定在动脑筋该怎么说，还要自己主动开口，学着跟伙伴商量。此时，身体的接触、友好的语气这些社交策略就会慢慢灌输进他们的意识中。一开始有的宝宝可能不会，但是别忘了，宝宝可是有超强的学习能力的，他们能从多次交往以及观察中慢慢摸索出人际交往的技巧。

宝宝嫉妒心太强怎么办

宝宝生活在充满竞争的环境里，学习压力大，爸爸妈妈对子女的期望值高，再加上独生子女多有突出自我的性格，往往这种竞争会演变成嫉妒。

嫉妒会阻碍宝宝成长

嫉妒是一种不好的心理，它会阻碍宝宝的成长，会让宝宝变成心胸狭窄的人，所以爸爸妈妈一定不要让自己的宝宝变成那一类人。

有的宝宝会和同伴相互比较，语言上也带有谁也不服谁的语气，嫉妒也就变得明显。其实归结根源可能就是自私，只想自己，胸襟狭窄，不为他人或集体考虑，所以也容不下别人比自己好。应该从帮助宝宝改正自私开始，实际上就是抑制以自我为中心的奢欲。让宝宝拥有开阔的胸怀，将目光放长远些。宝宝的嫉妒心时常会冒出来，爸爸妈妈不要过度责备，可以通过接纳理解他，然后运用智慧，让这种情绪转化为激发潜能的动力。

爱和榜样是化解嫉妒的良药

当宝宝嫉妒别人时，多数情况是感到自己不如别人，嫉妒腐蚀了他的自信心。因此，医治嫉妒的良药是爸爸妈妈对他的爱。不要吝惜对宝宝的鼓励和称赞，要让宝宝有安全感和幸福感。这样，宝宝就不会容易被别人的好所打倒，反而会自信地发展自己的优势。而大度和热情则是对嫉妒最好的抵抗剂。

小贴士

让宝宝学会关心别人

宝宝2～3岁时，是他们人际交往智能发育的最关键时期。这个时期的宝宝已经开始出现会关心爸爸生病，外边下雨而妈妈没带伞的这些小生活情景了，已经会说一些关心的话了，爸爸妈妈一定要用科学的方法，抓住时机，加紧交际能力的培养，不要让宝宝成为独来独往、性格内向的人才行。

如何看待宝宝的骂人行为

宝宝为何出现骂人行为

宝宝经常会从其他小朋友那里学一些脏话。所以，当爸爸妈妈听到有脏话从宝宝口中说出来的时候，不要吃惊。若是爸爸妈妈的表情很惊讶，就会对胆子比较小的宝宝带来不利的影响，会使他感到害怕，也许使他再也不敢跟说脏话的小朋友一起玩。

但是大部分的宝宝在看到爸爸妈妈的震惊后，心里会感到很高兴，还会感到很得意。有的宝宝依然会在家里不断地说脏话，想让爸爸妈妈生气。有的宝宝尽管在爸爸妈妈的威胁下，不在家里骂人，但是在其他地方仍然会说脏话。宝宝这么做的原因，完全是因为他从爸爸妈妈那里明白，他可以让这个世界得不到安宁。

纠正宝宝骂人行为的方法

·模仿

爸爸妈妈可以利用许多方法来帮助宝宝对良好的、正确的行为进行模仿和学习，让他慢慢改掉说脏话的不良行为。爸爸妈妈应该以身作则，宝宝学习语言的一个很好的方法就是模仿。所以，他最早接触的人，常常是他丰富语言、学习语言的主要榜样。若是爸爸妈妈常常说脏话，对待同事、邻居的态度恶劣，那么宝宝也不会是一个文明的人。若是宝宝常常重复一些粗话、脏话，我们可以郑重地告诉宝宝这些话不好听、不文明，任何人都不会喜欢听。在爸爸妈妈批评宝宝的时候，用词一定要文明不要掺杂粗话、脏话，否则会让宝宝觉得，爸爸妈妈可以说脏话自己也可以说。

· 冷处理

当宝宝说脏话的时候，爸爸妈妈可以对其进行冷处理，逐渐地他认为没意思自然就不会再说脏话。通过这些方法可以使他感觉到说脏话并不会让你注意到他，骂人也不是一件好玩的事情，他说脏话的次数慢慢地就会减少。

但需要注意的是，宝宝骂人时，爸爸妈妈一定不能大发雷霆，表现出十分气愤的样子。或对宝宝刚说的脏话进行重复，这样做不仅使问题得不到解决，甚至还会使宝宝的骂人行为得到强化。爸爸妈妈应该保持平静自然的态度，没有必要过于在意。这个时候的宝宝，并不能明白脏话的意思，更没有意识到骂人、说脏话是一件错误的事情。若是爸爸妈妈看到宝宝说脏话没有大惊小怪，而是偷偷注意宝宝的"举动"，他可能就不会再重复骂人了。

· 认知行为疗法

可以先对宝宝不好的行为进行了解，让他知道说脏话的行为并不好。而宝宝这个时候，没有分化出客体与主体。因此，当爸爸妈妈问他："骂人，好不好？"他通常会告诉你："不好！"这是因为在宝宝的意识里面，说脏话、骂人是其他人做的，他自己并没有包括在内。宝宝骂人，只是模仿其他人，认为很有趣而已。所以在衡量这件事情的时候，不能从道德品质的角度来考虑，而应该教导宝宝，这是一种不对的行为。尽管他这个时候自我意识发育还不够完善，但若是他也同意"骂人的行为不好"，那么爸爸妈妈就可以进一步对他进行教育和说服。也许下一次的时候，他就会很大方地承认或指出错误。

· 创造好的环境

爸爸妈妈不仅要为宝宝做一个好的榜样，还要为宝宝创造一个好的生活环境。尽量不要让宝宝通过电视等媒介学习粗话、脏话，或者从其他小朋友那里学习不好的顺口溜、粗话、脏话等。所以爸爸妈妈对于宝宝的错误，应该及时纠正。并且要引导宝宝玩健康、文明的游戏。若是发现宝宝与其他小朋友说粗话、脏话，一定要及时纠正。

· 惩罚

若是宝宝稍微大一些的时候，依然有说脏话、骂人的行为，爸爸妈妈就可以对他进行适当的惩罚，让他对自己的行为进行反省。

附录

 婴幼儿疫苗接种时间表

【月龄】	【注射（服用）疫苗名称】	【预防疾病】
出生	乙肝疫苗第一剂	乙型肝炎
	卡介苗第一剂	结核病
1个月	乙肝疫苗第二剂	乙型肝炎
2个月	脊灰疫苗第一剂	小儿麻痹症
3个月	脊灰疫苗第二剂	小儿麻痹症
	百白破疫苗第一剂	百日咳、白喉、破伤风
4个月	脊灰疫苗第三剂	小儿麻痹症
	百白破疫苗第二剂	百日咳、白喉、破伤风
5个月	百白破疫苗第三剂	百日咳、白喉、破伤风
6个月	乙肝疫苗第三剂	乙型肝炎
6～18个月	A群流脑疫苗第一、二剂	流行性脑膜炎
18个月	麻疹疫苗第一剂	麻疹
	乙脑减毒活疫苗第一剂	流行性乙型脑炎
	乙脑灭活疫苗第一、二剂	流行性乙型脑炎
18～24个月	百白破疫苗第四剂	百日咳、白喉、破伤风
	麻疹疫苗第二剂	麻疹
	乙脑减毒活疫苗第二剂	流行性乙型脑炎
	乙脑灭活疫苗第三剂	流行性乙型脑炎
3岁	A群流脑疫苗第三剂	流行性脑膜炎

各时期保健重点

【月龄】	【生长特点】	【影响因素】	【保健重点】	【措施】
胎儿期	依赖母体 器官成形生长快	母亲健康 营养 疾病、毒物 射线、情绪	预防先天畸形防 早产、IUGR	定期产前检查
新生儿期 0～1个月	生长快 免疫力弱 体温中枢不成熟	营养 感染 环境温度	科学喂食 保暖 皮肤清洁	新生儿筛查 新生儿访视 预防接种
婴幼儿期 1～12个月	生长第一高峰 消化道不成熟 主动免疫不成熟 神经心理发育	营养 疾病 环境刺激	科学喂食 与消化道适应 早教（语言、感知觉、运动、独立能力、体格训练、生活能力）	科学喂食 与消化道适应 早教（语言、感知觉、运动独立能力、体格训练、生活能力）
幼儿期 1～2岁	生长速度减慢 心理发育进入关键期	生长速度减慢 心理发育进入关键期	早教（生活习惯与能力、语言、性格、社交） 预防事故 合理营养	定期体检 每3～6月一次
学前期 3～5岁	生长稳步增长 心理发育日益成熟 免疫活跃	教育环境 营养 免疫性疾病	心理发育 预防事故 合理安排生活 营养	定期体检 每6～12个月一次
学龄前 6～12岁	部分生长进入青春期 心理发育成熟 免疫活跃	教育环境 营养 免疫性疾病	心理教育 预防事故 合理安排生活（体格锻炼） 营养 性教育	定期体检 每年一次
青春期	生长第二高峰 性发育	教育环境 营养	心理教育 营养 性教育 体格锻炼	定期体检 每年一次

主要传染病的潜伏期、隔离期及检疫期

【名称】	【潜伏期（天）】	【病人隔离期】	【接触者检疫期】
麻疹	8～20	出疹后5天，并发肺炎者延长5天	观察2周，曾被动免疫者3周
风疹	14～21	出疹后5天	观察2～3周
水痘	12～21	全部结痂	观察15～21天
流行性感冒	1～4	症状消失	集体免疫
流行性腮腺炎	8～35	腮肿消失，或起病后7～10天	3周
甲型病毒性肝炎	15～50	自发病起不少于30天	观察40天（第2、4、6周各查一次）
乙型病毒性肝炎	60～180	自发病起不少于30天	观察6个月（第3、6个月各查一次）
流行性脑脊髓膜炎	1～10	体温正常，鼻咽分泌物培养阴性	观察7天，考虑用磺胺预防
狂犬病	10～365	病程中隔离	被咬者疫苗接种
细菌性痢疾	1～7	症状消失后1个月，或粪培养2次阴性	观察7天
阿米巴痢疾	5～365	症状消失，粪连续3次查无滋养体及包囊	粪检包囊阴性
伤寒	7～23	症状消失后2周，或粪、尿培养2次阴性	观察14天
霍乱、副霍乱	1～5	症状消失隔日粪培养3次阴性	留验5天或集体检疫
百日咳	2～21	自发病起28天或痉咳起21天	观察14天
白喉	1～10	症状消失，鼻咽试纸培养2次阴性，不少于7天	观察7天
猩红热	1～12	抗生素治疗起6天	观察7天
鼠疫	1～12	症状消失，检菌3次为阴性	留验6天，曾免疫者12天，服磺胺5天

不同月龄婴幼儿的玩具和图书

【月龄】	【玩具】	【图书】	【可训练的能力】
出生～3个月	带声响声的吹塑玩具	色彩鲜艳的图片，每张只有一个内容，如一盏灯、一个苹果、一辆汽车，以吸引他们的注意力	训练视、听能力，促进感知觉发展
4～6个月	手摇铃或能捏响的玩具		训练抓握能力
7～9个月	绒毛、能敲打的玩具		训练听觉及运动能力
10～12个月	滚动玩具以及手拉玩具		训练手腿活动能力
1～24个月	能发声的、彩色的玩具	画面简单，色彩鲜艳，图像明亮，内容能反映小儿比较熟悉的事物，如动物、水果、蔬菜等	训练视觉、听觉和触觉
24～36个月	球类、积木	简短有趣，能反映小儿日常生活、活动和简单虚构的小故事	训练动作、注意、想象、思维等能力

 ## 不同月龄儿童平均睡眠时间

【月龄】	【每昼夜平均睡眠时间】（小时）	【日间睡眠频率】（次）	【日间睡眠时间】（小时）
出生	20	2～3	1.5～2.5
2个月	16～18	2～3	1.5～2.5
4～9个月	14～16	2～3	1.5～2.5
12个月	13～14	2～3	1.5～2.5
15个月	13	1～2	1.5～2.5
2岁	12.5	1～2	1.5～2.5
3岁	12	1	1.5～2.5

营养缺乏的体征

【身体部位】	【症状表现】	【缺乏哪些维生素】
全身	消瘦或水肿，发育不良 贫血	能量、蛋白质、锌 蛋白质、铁、叶酸、维生素B_2、维生素B_6、维生素B_{12}、维生素C
头发	无光泽、稀少	蛋白质、维生素A
皮肤	毛囊角化症、糙皮病皮炎 溢脂性皮炎、皮下出血	维生素A、烟酸、维生素B_2 维生素C、维生素K
眼	角膜干燥、夜盲、毕脱斑 角膜周围血管增生、球结膜充血、结膜炎、睑缘炎	维生素A 维生素B_2
唇	唇炎、口角炎、唇裂、口角结痂	维生素B_2、烟酸
口腔	舌炎、舌猩红、舌肉红 地图舌、舌水肿 牙龈炎、牙龈出血	维生素B_2、烟酸 维生素B_2、烟酸、锌 维生素B_2、烟酸、维生素C
颈	甲状腺肿	碘
骨	鸡胸、串珠肋、方颅、O形腿、X形腿	维生素D
生殖系统	阴囊炎、阴唇炎	维生素B_2

没有
不好带的
宝宝